HORST FRIEDRICH MAYER / DIETER WINKLER

DER FLOTTENHAI

HORST FRIEDRICH MAYER/DIETER WINKLER

DER FLOTTENHAI

Heitere Anekdoten aus dem altösterreichischen Seemannsleben

EDITION S

Illustrationen nach Zeichnungen und
Karrikaturen von Ed. Dworak und Alois Becker

Edition S
Verlag der Österreichischen Staatsdruckerei

1. Auflage 1986

Graphische Gestaltung: Multi Art
Druck und Bindearbeit: Österreichische Staatsdruckerei
ISBN 3-7046-0050-4

Zehn Gebote des Matrosen.

1. Du sollst Dein Gewehr in Ordnung halten wie Dein Liebchen und es gut putzen.
2. Du sollst nie die Züge aus dem Gewehr- oder Geschützlauf verlieren, nie den Meeresspiegel zerschlagen.
3. Du sollst als alter Matrose immer Ruhe bewahren, denn ein alter Diener ist kein Orient-Expreßzug.
4. Der Zapfenstreich soll Dich stets an Bord finden, auch dann, wenn Du nicht gerne aufhörst, Deine Liebste zu umarmen.
5. Du sollst nie nach einer Schürze schielen und die Mädchen in Ruh' lassen.
6. Du sollst Deine „Eltern" ehren, den Bootsmann als „Vater", den Divisionsführer als „Mutter".
7. Dem Älteren sollst Du die Galletten stoßen und ihm alle Arbeiten abnehmen, damit er auf eine picciona zum Dispenseur gehen kann.
8. Beim Begräbnis der letzten 100 Tage sollst Du Dein Leid und Schmerz gefaßt tragen und nicht viel Tränen vergießen. Stille Deinen Schmerz durch einen guten Trunk.
9. Du sollst trachten, Dich nie zu besaufen, damit Du als alter Diener nicht ins Loch kommst und Deine dauernde Beurlaubung nicht im „Dunkel" verschläfst.
10. Nach Deiner dauernden Beurlaubung sollst Du Pola nur bei Nacht verlassen, damit Dich Deine Liebste und Gläubiger nicht erwischen und hier behalten.

Inhaltsverzeichnis

Vorwort

Die Marine der Donaumonarchie hat keinen Carl Torresani, keinen Rudolf von Eichthal und auch keinen Roda Roda, die diesem Korps einen bescheidenen Platz in der Literaturgeschichte und der Lesergunst sichern könnten. Erich von Kunstis „Verlorener Strand“ etwa und Max von Rottauschers (als Paul Rohrer geschriebene) Erinnerungen an die Jahre vor 1866, „Als Venedig noch österreichisch war“, sind längst vergriffen und heute gesuchte Raritäten. Der Erinnerung an die Männer, an die Schiffe, an die verträumten Hafenstädte, an das alte Pola ist die nachstehende Sammlung gewidmet.

Die heiteren Begebenheiten wurden zusammengetragen aus Büchern, aus Zeitungen und Zeitschriften von anno dazumal, aus unveröffentlichten Tagebüchern, Memoiren und Biographien. Manche der Geschichten sind wahr, manche wurden wahrscheinlich nur immer wieder dort erzählt, wo sich Seeleute zusammenfanden: an Bord, in den Kommandogebäuden — ebenso unverwechselbar im k. u. k. ärarischen Stil zwischen Triest und Cattaro erbaut wie alle anderen Amtsgebäude,

Schulen, Kasernen und Bahnhöfe im alten Österreich —, in den Kaffeehäusern, Weinstuben und Bierschenken, die den aus dem binnenländischen Herz der Donaumonarchie kommenden Seeleuten ein Stück Heimat ersetzen helfen mußten.

Den „Flottenhai" und seine Kameraden, ob Admiral oder einfacher Matrose 4. Klasse, vor dem Vergessenwerden zu bewahren, das ist die Absicht dieses Buches.

Juli 1986 *Horst Friedrich Mayer*
Dieter Winkler

STILLLEBEN.
22
22
22

Noch eine Begriffsklärung, die zu den vielen Merkwürdigkeiten des alten Österreich zählt: Heer und Marine waren seit dem Ausgleich mit Ungarn von 1867/68 gemeinsame, also k. u. k. Angelegenheit. Die amtliche Bezeichnung k. u. k. war für die bewaffnete Macht aber erst durch allerhöchstes Befehlsschreiben vom 17. Oktober 1889 an die Stelle des bis dahin verwendeten k. k. getreten. K. k. war fortan bis zum Ende der Doppelmonarchie nur mehr für Angelegenheiten der cisleithanischen, also der österreichischen, Reichshälfte anzuwenden.

Fesch und resch

Der Flottenhai

In den Kriegsmarinen in aller Welt versuchen die Marineoffiziere, vor allem die jüngeren Herren, die Adjustierungsvorschriften auf möglichst phantasievolle Art und Weise zu ergänzen — durch Kombination erlaubter und vorschriftswidriger Uniformstücke, die dann noch auf besonders „ungezwungene" Weise getragen werden. Das war in der alten österreichischen Marine nicht anders. Um zu zeigen, daß man eine Art Sportsmann war, ging man mit den Händen in den Hosentaschen und mit nachgeschlepptem Säbel und grüßte — ganz und gar unsoldatisch — sogar durch Schwenken der Kappe. Als nun 1865 der vom Landheer kommende Erzherzog Leopold Truppen- und Flotteninspektor war, wurde prompt ein hochgeschlossener Waffenrock, wie ihn die Heeresoffiziere trugen, eingeführt — den zivilistischen Allüren des Seeoffizierskorps sollte damit der Garaus gemacht werden.

Tief gekränkt wurde auf Abhilfe gesonnen, bis sich der Widerstand der Marine gegen das ungeliebte Kleidungsstück schließlich in einem Linienschiffsleutnant personifizierte, dem bald der Ehrenname eines „Flottenhais" gegeben wurde. Der Flottenhai flatterte wie eine Fledermaus durch das alte Pola, das gerade im Begriff war, sich vom verschlafenen Fischerstädtchen zum Hauptkriegshafen der Monarchie zu entwickeln. Er trug stets einen Flottenrock, dessen Schösse bis zu den Knöcheln hingen, und die Kappe saß beinahe im Genick. Da die bisherigen Uniformstücke aber ausgetragen werden durften, war der unseemännische Waffenrock somit bald eines sanften Todes an passiver Resistenz gestorben. Auch eine Generation später nochmals eingeführt, blieb jenes Kleidungsstück ein ungeliebtes Kind der Adjustierungskommission, bis ihn der Lauf der Geschichte 1918 endgültig abschaffte ...

Weder Achtung noch Respekt

Auf der Riva in Pola pflegte Admiral Ripper, der Hafenadmiral, täglich zur gleichen Stunde spazierenzugehen. Nicht weit vom Stabsgebäude entfernt begegnete er eines Tages Linienschiffsleutnant Johann Laufberger, welcher zu seinem Unheil braune, anstatt der vorschriftsmäßigen weißen Handschuhe zur Uniform trug. Admiral Ripper stellte ihn mit folgenden Worten: „Herr Linienschiffsleutnant Laufberger! Ein

Offizier, der braune Handschuhe trägt, kann weder auf die Achtung seiner Vorgesetzten noch auf den Respekt seiner Untergebenen Anspruch erheben. Ich danke, Herr Linienschiffsleutnant Laufberger!"

Das Marinegigerl

Das Marinegigerl zählte auch bei Unteroffizieren und Mannschaft zu jenen Lebewesen, die der Vollkommenheit um so näher zu sein glauben, je weiter sich der Schnitt und die Ausführung ihrer Uniformstücke vom toten Buchstaben der Adjustierungsvorschrift entfernt haben. Das Marinegigerl war an keine Nationalität oder Konfession gebunden, es war international: sowohl der Bewohner des Nordens der Monarchie als auch der Dalmatiner oder Istrianer traten still und ohne jede Aufnahmeformalität der Gigerlgilde bei, um bis ans Ende der Dienstzeit unter dem Motto auszuharren: „Schach der Adjustierungsvorschrift!"
Was die Figur oder, besser, die Statur des Gigerls anbelangte, so wich diese, äußerlich wenigstens, von der normaler Matrosen nicht ab. Die Kappe des Marinegigerls — selbstverständlich „extra", nicht ärarisch, sondern Erzeugung Fröhlich oder Franz

Thills Neffe — wurde entweder tief in die Stirne gedrückt und quasi ständig auf der Nase balanciert oder aber keck am Hinterkopf getragen.
Das Bordhemd mußte ein Kunstwerk sein, wenn es Eindruck machen sollte; der Ausschnitt des Hemdes wurde der Länge nach verdreifacht und reichte bis tief unter den Magen. Außerdem mußte das Bordhemd so eng am Oberkörper anliegen, daß ein Kurzsichtiger aus zwei Kilometern Entfernung mit freiem Auge sämtliche Rippen des Trägers bequem zählen konnte. An den Ärmelenden, wo die Adjustierungsvorschrift je einen Marineknopf anordnete, prangten zwei Doppelreihen von Knöpfen. Die Herren Obergigerln verwendeten hierzu die großen, ins Auge fallenden Mantelknöpfe und nahmen, derart adjustiert, innerhalb der Gigerlgilde etwa denselben Rang ein wie ein Feldmarschall-Leutnant in der Armee.
Der blaue Kragen und der Halsflor mußten selbstverständlich aus Seide sein, falls der Mann Sitz und Stimme im hohen Rate der Marinegigerln haben wollte. Die Hose mußte am Leib und an den Oberschenkeln, ähnlich wie das Bordhemd, prall anliegen. Daß die Hosen bei jeder Witterung aufgekrempelt waren, ist selbstver-

ständlich, da ja das Gegenteil vorschriftsmäßig gewesen wäre.
Die Fußbekleidung bestand aus Schuhen mit nahezu dolchartig aufwärts gebogenen Spitzen.
Eine echte Streitfrage bildete die Art, wie die Seitenwaffe zu tragen sei. Die sonst friedliche Gilde der Gigerln wurde durch dieses Problem in zwei feindliche Lager geteilt: die Verfechter der einen Weltanschauung trugen das Bajonett vorne, fast zwischen den Beinen, die Gegenpartei hingegen trug es auf der Hinterseite. Ein vorwitziges Gigerl wollte die Streitfrage mit dem Hinweis schlichten, daß das Bajonett laut Vorschrift an der linken Seite zu tragen sei. Der Gute wurde fast gelyncht und mußte schwer verletzt in das Marinespital gebracht werden.
Die Handschuhe wiederum wurden entweder über den Bajonettgriff gehängt oder aber in das tiefausgeschnittene Bordhemd gesteckt. Doch leider war das Gigerlleben keine ungetrübte Freude, denn die Gigerln mußten ein sprunghaftes Dasein führen, das heißt, von Haustor zu Haustor hüpfen, wenn das als Signalgast respektive als Ausluger kommandierte Untergigerl das Nahen einer feindlichen Adjustierungspatrouille signalisierte.

Da das Raffinement ihrer Bekleidung große finanzielle Anforderungen an die Gigerln stellte und der Großteil ihrer Löhnung zu den Schneidern und Schustern wanderte, waren sie aus dem Wirtschaftsleben der Stadt Pola, dem Hauptkriegshafen, nicht mehr wegzudenken.

Vier Wochen für einen Stehkragen

In der österreichisch-ungarischen Marine war für Offiziere und Beamte als Hemdkragen ein niedriger Klapp- oder Umlegekragen Vorschrift, während bei der kaiserlich deutschen Marine der auch für Zivilisten übliche Stehkragen getragen wurde. Dieses von den Kleiderfexen als absoluter Höhepunkt propagierte Kleidungsstück von übernatürlicher Höhe erregte bei den Gesinnungsgenossen in der österreichischen Marine, den „Marinegigerln", ungeheuren Neid. Das Thema „Klappkragen" oder „Stehkragen" kam bei fast jedem Marinetreffen immer wieder zur Sprache.

Als in den neunziger Jahren des vorigen Jahrhunderts der deutsche Schulkreuzer „Irene" Pola besuchte, kam einer der Offiziere auf den sinnigen Einfall, den Österreichern mal gewaltig zu imponieren.

Anläßlich eines im Marinekasino stattfindenden Balles knöpfte er sich den höchsten Kragen um, den er besaß, einen Halsreifen, der bis unter die Ohren reichte!
Der Erfolg übertraf alle Erwartungen,er war der Salonlöwe des Festes. Immer wieder tauchte die Frage auf: „Wer ist denn dieser Offizier mit dem exzellenten Kragen? Der schaut aber fesch aus!“
Am folgenden Tag war der hohe Kragen des Seeoffiziers Hauptgesprächsthema von Pola. Bei einem Besuch in der Messe des deutschen Kreuzers meinte ein österreichischer Marineur: „Leider sind bei uns die Stehkragen strengstens verboten, der Linienschiffsleutnant P., das Hauptgigerl von Pola, hat einmal einen Stehkragen getragen, da hat ihn der Hafenadmiral drei Tage dafür eingesperrt. – Für Ihren Kragen, lieber Kamerad, hätten S' bei uns beiläufig vier Wochen gekriegt!“

Der Fez im Dienst

Können Sie sich einen österreichischen Marineangehörigen mit einem Fez als Kopfbedeckung vorstellen? Das gab es aber tatsächlich. Der Anlaß für diese Adjustierungseinführung war folgende Episode:

Am 4. Juli 1909 rückte in die Schiffsjungenschule der Junge Sekić Lutvo, geboren in Dvonik bei Dolnja Tuzla in Bosnien, ein. Die Schiffsjungenschule befand sich in Sebenico (heute Šibenik), in zwei für diesen Zweck adaptierten Hulks, „Schwarzenberg" und „Donau", die am Ufer vertäut lagen.
Bei der Einkleidung wurde Sekić mit allen vorgeschriebenen Montur- und Wäschesorten beteilt, außerdem wurde ihm auch die vorgeschriebene Marinekappe ausgefolgt.
Am nächsten Tag meldete sich der Schiffsjunge zum Rapport: er weigere sich zwar nicht, die Kappe aufzusetzen, aber er befürchte, sein Vater werde ihn enterben, wenn er nicht seinen Fez trage. Sein Bruder werde ihn jedenfalls demnächst besuchen.
Großes Erstaunen und Rätselraten im Schulkommando, denn beim Nachschlagen in den Dienstbehelfen und Dienstbüchern wurde nichts Diesbezügliches gefunden. Aus diesem Grunde wurde sofort ein Bericht an das Hafenadmiralat in Pola abgefertigt. Schon zwölf Tage später kam von der Marinesektion des k. u. k. Kriegsministeriums in Wien die Erlaubnis, daß Schiffsjunge Sekić bis auf weiteres den Fez tragen könne — seine Enterbung war verhindert!

Da Sekić aus Bosnien-Herzegowina gebürtig war, stellte das für die Angelegenheiten Bosniens und der Herzegowina zuständige Ministerium — das k. u. k., also gemeinsame, Finanzministerium — an die Marinesektion einen diesbezüglichen Antrag. Am 30. August 1913 erfolgte dann im „41. Nachtrag zur organischen Vorschrift für das Personal der k. u. k. Kriegsmarine, III. Hauptstück, II. Teiladjustierung und Ausrüstung“ die Festlegung: „Für Marinepersonen mohammedanischen Glaubens ist als Kopfbedeckung der Fez normiert.“ Die letzten, die von dieser Erlaubnis Gebrauch machten, waren die beiden Zöglinge Hrustan Beg und Adem Beg Biščenvič des Jahrganges 1917 der Marineakademie. Diese war, kriegsbedingt, damals aus Fiume in das oberösterreichische Städtchen Braunau verlegt worden. Die beiden Marinebuben mit Fez mögen dort besonders exotisch gewirkt haben.

Höflichkeit in Übersee

Falsche Adresse

Der k. u. k. Kreuzer „Kaiser Karl VI." vertrat 1910 die Donaumonarchie bei den Feierlichkeiten in Argentinien aus Anlaß des 100. Jahrestages der Unabhängigkeit des Landes. Schiff und Mannschaft hinterließen bei der großen Flottenparade neben Kriegsschiffen aus aller Welt einen ausgezeichneten Eindruck. Ein Linienschiffsleutnant, beim Bordbesuch des argentinischen Kriegsministers und anderer hoher Offiziere als Inspektionsoffizier eingeteilt, leistete sich bei dieser Gelegenheit einen zugegeben derben Scherz: als der Minister nämlich das Deck des Schiffes betrat, salutierte der Linienschiffsleutnant, den seine Freunde stets „Maxl" nannten, stramm und grüßte den Gast laut und deutlich mit einem herzhaften „Servas, Schurl!" Der Minister, der dies offenbar für eine besonders ehrerbietige Art der Begrüßung hielt, dankte verbindlich, und auch die anderen Herren seiner Begleitung wurden auf die genannte Weise herzlich-wienerisch begrüßt. Alles ging gut, erinnert sich Erich von Kunsti, der als Wachkadett neben dem Inspektionsoffizier zu stehen hatte und den Ablauf des Empfanges verfolgte, bis ein hochgewachsener Herr in Zivil auf

Deck trat. Als auch er mit einem kräftigen „Servas, Schurl!" begrüßt wurde, stutzte er einen Augenblick, dann sagte er freundlich: „Guten Tag, meine Herren!" Später stellte sich heraus, daß es der deutsche General von der Goltz war, der sich auf einer Studienreise in Buenos Aires aufhielt. Er hatte offenbar Humor, denn Folgen unangenehm-dienstlicher Art stellten sich für „Maxl" nicht ein.

Sprachprobleme unter Brüdern

In Konstantinopel unterhielten die Großmächte bis zu Beginn des Ersten Weltkrieges „Stationsschiffe". Sie hatten die Aufgabe, die diplomatischen Vertretungen und die im Ausland tätigen Staatsbürger zu schützen sowie die „Interessen wahrzunehmen" — was immer das sein mochte.

Der Stationär Österreich-Ungarns war die Dampfyacht „Taurus", deren Offiziere aus dem Gesellschaftsleben Konstantinopels nicht wegzudenken waren. Schon aus sprachlichen Gründen verkehrten sie häufig mit den Kameraden von der kaiserlich deutschen Marine.

Auf dem k. u. k. Schiff befanden sich drei junge Marineoffiziere mit Namen, die für

„reichsdeutsche“ Zungen schwierig auszusprechen und auch schwer zu merken waren. Die drei Herren hießen Budisavljević von Priedor, Crisomali und Luterotti. – Die „blauen Jungs von der Waterkant“ waren einfallsreich. Sie nannten die drei Österreicher einfach Buddha, Christus und Luther.

Ein plausibler Grund

Die Höflichkeit im Verkehr zwischen den Schiffen war beispielhaft. Nach internationalem Seezeremoniell wurden Schiffe, die Admiralsstandarten führten, mit einer deren Rang entsprechenden Anzahl von Schüssen begrüßt. Die Signalkadetten mußten sich die Augen ausschauen, um ja kein Schiff und keine Kommandoflagge zu übersehen. Sie mußten außerdem peinlich darauf achten, daß jeder Salut auch richtig beantwortet wurde. Unterlassungen und Regelwidrigkeiten in solchen Fällen bedeuteten eine Verletzung der internationalen Höflichkeitspflicht und hatten öfters zu diplomatischen Verwicklungen geführt.

Im vorigen Jahrhundert, als bei Auslandsfahrten die Missionsschiffe den größten Teil ihres Weges unter Segel zurücklegten

und nur bei Windstille die Dampfmaschine in Betrieb setzten, geschah es in einem fernen Hafen, daß der Territorialsalut eines einlaufenden k. k. Kriegsschiffes nicht innerhalb der vorgeschriebenen Frist erwidert wurde.
Auf die sofortige Beschwerde des Schiffskommandanten kam ein Hafenoffizier an Bord, um die Entschuldigung seines Kommandos vorzubringen: „Herr Kommandant! Für den Vorfall, den das Hafenkommando auf das tiefste bedauert, gibt es zwölf Gründe. Der erste ist, daß wir kein Pulver haben . . . "
Da unterbrach ihn der Schiffskommandant und meinte nur: „Ich danke, Herr Kapitän, die übrigen elf Gründe können Sie sich sparen."

Rücksichtnahme

Als die Korvette „Saida" im September 1891 vor der Insel Ascension vor Anker ging, wurde sie von der Signalstation Georgetown aufgefordert, den Territorialsalut zu unterlassen.
Dieses zunächst befremdliche Ansinnen wurde damit begründet, daß um diese Zeit die Riesenschildkröten, das Hauptnah-

rungsmittel der Bewohner, im Nordwestteil der Insel ihre Eier ablegten. In dieser nützlichen Tätigkeit dürfe man sie nicht stören.

Ein teurer Name

Die Charge und der Name des Linienschiffsleutnants Kajetan Afan de Rivera de los Marques de Villanueva des las Torres bestanden aus der Kleinigkeit von 13 Einzelteilen, und seine Visitenkarte geriet dadurch etwas lang. Einmal wurden bei einer Auslandsreise mit den Offizieren eines amerikanischen Kriegsschiffes Besuche gewechselt und bei dieser Gelegenheit auch die Visitenkarten getauscht. Ein amerikanischer Seeoffizier nahm die Karte des Linienschiffsleutnants in die Hand, studierte sie lange und genau und sagte endlich beeindruckt: „Must be very expensive to cable it!“

Brüderliche Hilfe

Bei einem Landgang auf Malta im letzten Friedenssommer 1914 gerieten die Matrosen eines k. u. k. Kriegsschiffes mit engli-

schen Matrosen in Streit und verdroschen sie ganz fürchterlich. Der österreichische Schiffskommandant erwartete eine geharnischte Beschwerde. Tatsächlich wurde am nächsten Tag das britische Kommandantenboot gemeldet. Hinter dem britischen Kapitän kamen zwei Blaujacken an Bord, die ein schweres Fäßchen Rum über das Fallreep schleppten: „Gestatten Sie mir, dear Captain, Ihren Leuten dieses Fäßchen zu schenken. Ich hätte nie gedacht, daß es jemanden gibt, der meine Matrosen so verdreschen kann!"
Die Beziehung zwischen den beiden Schiffen wurde eng, herzlich und feucht, bis man sich, nur wenige Monate später, als Gegner auf Tod und Leben gegenüberstand.

Kein Pläsier

Nach dem österreichisch-preußischen Feldzug gegen Dänemark im Auftrag des Deutschen Bundes 1864 blieben Schiffsabteilungen beider Länder auch nach dem Waffenstillstand noch für einige Zeit in und um Hamburg stationiert. Eines Abends setzte sich in einem Gasthaus ein schon ziemlich angeheiterter Unteroffizier der

k. k. Marineinfanterie zu einem Maaten des preußischen Kanonenbootes „Adler" und versuchte vergeblich, diesen zu überreden, mit ihm Bruderschaft zu trinken. Mit der Rührseligkeit des Betrunkenen erklärte er schließlich dem Bundesgenossen: „Wann mi mei Kaiser ruft, dann stirb ich für ihn, dann laß' ich mich gern für ihn erschießen!" Der Preuße hörte unbewegt zu und fragte nur: „Was erzählen Sie mir das? Wenn es Sie so freut, sich erschießen zu lassen — Ihre Sache. Mir ist der Tod niemals als Pläsier erschienen."

VIA DELLA

Von Admiralen und Exzellenzen

Wie salutiert man auf dem Fahrrad?

Sport wurde in der alten österreichischen Kriegsmarine immer groß geschrieben, ob es sich nun um den Segelsport oder um die Gründung eines der ersten österreichischen Tennisclubs, des „Lawn Tennis Club Pola“ durch den Marineoffizier Gottfried Meyern-Hohenberg handelte. Dieser Tennispionier gab auch eines der ersten Tennislehrbücher, den „Tennisknigge“, heraus. Aber um die Jahrhundertwende wurde Pola vom Radsportfieber erfaßt, das alle anderen Sportarten vorübergehend in den Hintergrund drängte. Obwohl die Hafenstadt und ihre Umgebung für diese Sportart gänzlich ungeeignet waren, wurden trotzdem Wettrennen auf der Riva oder Bravourfahrten mit dem Rad über die Stiegen des Monte Zaro durchgeführt.

Während seiner ersten Ausfahrt zu Rad geigelte Marinekommissär Straub mit aufgeschundenem Knie, einem verstauchten Finger und einer ramponierten Hose über die Riva. Ein Unglück kommt selten allein, denn plötzlich tauchte der Hafenadmiral auf. Fieberhaft dachte der Marinebeamte nach, wie er der Grußpflicht nachkommen könnte. Für die Flucht in eine Seitengasse war es schon zu spät, den Admiral übersehen – das war doch zu riskant. Salutieren wieder hieße, die Hand von der Lenkstange entfernen, das mußte unbedingt eine Katastrophe nach sich ziehen, einen Sturz kopfüber in das Polesaner Hafenbekken oder wenigstens einen riesigen Stern auf der Riva. Straub entschloß sich für die im Dienstreglement vorgesehene Möglichkeit einer Kopfwendung. Freilich weiß jeder Anhänger des Radsportes, daß, wenn man einen Gegenstand starr ansieht, man auch schon rettungslos darauf losfährt. Das konnte eventuell bei einem Baum noch gutgehen, aber den Hafenadmiral konnte er doch nicht rammen. Was blieb dem armen Straub über? Er mußte etwas Grußähnliches vollführen, so machte er eben eine Art Verbeugung, eine Rumpfbeuge nach vorne. Diese vollkommen unmilitärische Verrenkung und die Schlingerbewegung des Rades erfüllten letztlich ihren Zweck. Denn der Beamte hörte hinter sich ein schallendes Lachen, und lachende Vorgesetzte sind bekanntlich nicht mehr gefährlich.

Ein unterbrochener Kaisertoast

Im Jahre 1864, während des Feldzuges gegen Dänemark, wurde Wilhelm Ritter von Gründorf, der diesen Krieg als Generalstabsoffizier mitgemacht hatte, zusammen mit einigen Bekannten von Kommodore Wilhelm von Tegetthoff, dem späteren Sieger von Lissa, zum Diner eingeladen. Das Diner sollte auf SMS „Schwarzenberg" stattfinden. Gründorf beschrieb diesen denkwürdigen Abend viele Jahre später in seinen Erinnerungen:

Tegetthoff empfing die Gäste wie immer ernst und gemessen. Der kleine Salon, welcher als Speiselokal diente, konnte zwölf Personen fassen. Man saß aber nur zu acht an dem elliptischen Tisch, der sehr hübsch gedeckt und mit einem prachtvollen Tafelaufsatz geschmückt war. Während des Essens wurde nur wenig gesprochen, da Tegetthoff sich sehr schweigsam verhielt und es vermied, von seinen Heldentaten zu erzählen. Was die Besucher davon wußten, das hatten sie aus dem Munde seines Stabschefs gehört.

Gründorf saß an der Breitseite der Tafel, dem siegreichen Kommandanten der Eskader unmittelbar gegenüber. Nach dem vierten Gang erhob sich Tegetthoff, das Champagnerglas in der Hand, um auf Seine Majestät und das Allerhöchste Kaiserhaus den offiziellen Toast auszubringen. In dem Moment, wo er die ersten Worte sprach, fiel plötzlich ein Seeoffizier aus der kreisrunden Öffnung, die sich über der Mitte der Tafel befand, herunter, zerschlug alle Gläser und das Porzellan und lag einen Augenblick der Länge nach auf dem Tisch, bis die Anwesenden sich anschickten, den Bedauernswerten, der sich an der Najade des Tafelaufsatzes tüchtig verletzt hatte, aus seiner peinlichen Situation zu befreien. Tegetthoff sah ihn finster an und fragte nur „Haben Sie sich beschädigt?“, und als der Offizier, Linienschiffsfähnrich v. G., mit einem zögernden „Nein, Herr Kommodore“ antwortete, sagte Tegetthoff: „Dann gehen Sie auf Ihren Posten!“

G. hatte sich in der Tat sehr weh getan, da die Spitzen des Tafelaufsatzes ziemlich tief in die hinteren Weichteile eingedrungen waren und auch seine rechte Hand durch Glassplitter verletzt war. Nachdem er gegangen war, standen die Gäste einen Moment sprachlos da. Tegetthoff lähmte ihnen förmlich die Zungen durch das ernste Stillschweigen, das er bewahrte.

Dann kamen Diener, die auf seinen Wink den ramponierten Tafelaufsatz forttrugen, den Tisch neu deckten und abermals Champagner servierten. Als ob nichts vorgefallen wäre, erhob Tegetthoff abermals sein Glas und brachte nun den Trinkspruch auf den Allerhöchsten Kriegsherrn und die ganze Dynastie aus. Es blieb den Gästen unvergeßlich, mit welch tiefem Ernst Tegetthoff den letztlich komischen Zwischenfall behandelte. Keiner der Anwesenden hätte es gewagt, auch nur ein Wort darüber zu verlieren.

Erst nach der Tafel, als die Teilnehmer wieder auf Deck kamen, erfuhren sie, wie es passiert war, daß G. so unerwartet zum Kaisertoast erschien. Er hatte nämlich den Reinigungsdienst zu überwachen und war rückwärtsschreitend, mit den Absätzen der Schuhe an den erhöhten Rand der großen Lichtöffnung über der Speisekajüte des Kommandanten geraten, war gestolpert und mit dem Unaussprechlichen voraus in die Kajüte hinabgefallen, weil das dicke Glas, mit dem sie normalerweise verschlossen war, wegen des Gefechtes bei Helgoland gegen die Dänen herausgenommen und durch einen Vorhang ersetzt worden war.

Frommer Ratschlag

Den Mittelpunkt der Geselligkeit Polas bildete das Marinekasino, das Heim der unverheirateten Seeoffiziere. Es war ein repräsentativer Bau, in einem wunderschönen großen Garten am Fuße des Monte Zaro gelegen. Die Marine war sehr stolz auf ihr Kasino, denn es war keine Offiziersmenage im üblichen Sinn, sondern ein Klub, der, was Einrichtung und Führung betraf, auch verwöhnten Ansprüchen genügen konnte.

Anläßlich eines Diners im Marinekasino saß der sehr sarkastische spätere Marinekommandant und Großadmiral Anton Haus neben der äußerst religiösen Gattin eines Vizeadmirals, für die er nicht viel Sympathie übrig hatte. Es entwickelte sich trotzdem folgendes Gespräch: „Exzellenz, bei ähnlicher Gelegenheit wie heute passierte mir ein großes Malheur. Mein schönes Seidenkleid wurde mit Bratensaft bespritzt. Seit Wochen versuche ich, diesen Fleck aus dem Stoff herauszubringen. Stellen Sie sich vor, ich habe es schon mit Seife, Benzin, Terpentin und Spiritus versucht. Aber erfolglos!“ Da neigte sich der Admiral freundlich lächelnd zu ihr und fragte sehr teilnahmsvoll: „Gnädige Frau, haben Sie es auch schon mit Weihwasser probiert?“

Ein ärarisches Fest

Im Dezember 1891 wurde der damalige Linienschiffsfähnrich Heyssler von Baronin Pittner, deren Mann Hafenadmiral von Pola war, gebeten, das Arrangement des Weihnachtsfestes im Polesaner Marinekindergarten zu übernehmen. In einer unter den Damen Polas durchgeführten Sammlung war das Geld für die Weihnachtsbescherung der Kinder der Arsenalsarbeiter und Unteroffiziere zusammengebracht worden. Obwohl dem Offizier bald Zweifel an seiner Eignung für dieses Unternehmen kamen, ging er dennoch an die Arbeit, denn der Wunsch der „Hafenadmiralin“ war Befehl. In Zusammenarbeit mit dem Marinegärtner und einer Abteilung von Steuerleuten wurde ein geeigneter Saal des Kindergartens mit Flaggen und einem wunderschönen Christbaum dekoriert.

Der große Abend kam, in Fauteuils saßen drei Damen als Patronessen, der Marinepfarrer hielt die Weihnachtsansprache, in der er die Kinder daran erinnerte, daß einst

Prosit Neujahr!

drei mächtige Könige — er deutete auf die drei Damen — zum armen Jesuskind gekommen seien. Der Christbaum strahlte im Kerzenlicht, die Kinder sangen Weihnachtslieder und wurden mit Puppen, Bäkkereien und Naschwerk beschenkt.

Mitten in dieser weihevollen Handlung erschallte eine Donnerstimme. Der Hafenadmiral war erschienen und machte den Linienschiffsfähnrich auf die Feuersgefahr durch die Christbaumkerzen und den Flaggenschmuck aufmerksam. Der Admiral beruhigte sich erst, als die bereitgestellte Löschabteilung von zehn Mann mit allem erdenklichen Löschgerät aufmarschiert war. Nach diesem dienstlichen Intermezzo nahm das Fest seinen Fortgang. Aber mit Schrecken bemerkte Heyssler bald, wie am Baum eine Kerze nach der anderen herunterbrannte und erlosch. Da die Räume des Kindergartens nur am Tage genützt wurden, gab es keine Lampen. Schlimmes ahnend, geleitete der Offizier die Patronessen im Lichte der letzten Kerzen zu ihrem Wagen; draußen, in der kalten Winternacht, harrten die Mütter ihrer Kinder. Als Heyssler wieder in den Festsaal trat, verlöschten eben die letzten Kerzen. Einige Kinder begannen zu schreien, die Mütter strömten herein, Puppen und Backwerk knirschten unter den Schuhen, in der ägyptischen Finsternis tönte bald das Geheul der Kleinen und das Schimpfen der Mütter, die ihre Kinder nicht fanden. Heyssler harrte „bis zum letzten Mann" aus, suchte noch eine Stunde später mit einer verzweifelten Mutter deren Kind, das sie endlich fest schlafend unter der Schulbank fanden. Er mußte manches anhören, was für die Ohren der Patronessen nicht geeignet gewesen wäre. Aber offiziell war der Abend glänzend verlaufen, und der Arrangeur hatte den Dank der „Hafenadmiralin" erhalten — das nannte man ein „ärarisches Fest".

Verschwendete Höflichkeit

Die von Vizeadmiral von Bonda-Kunsti befehligte Eskader war in Teodo eingelaufen. Dort wurde ein allgemeines Ruderexerzieren angeordnet. Hiebei erregte ein Boot derart den Unwillen des Admirals, daß er den für die Ausbildung im Ruderexerzieren verantwortlichen Manöveroffizier zur Rechtfertigung an Bord des Flaggenschiffes rufen ließ.

Dort hatten sich mittlerweile verschiedene lokale Würdenträger eingefunden, um sich reglementmäßig zu melden, und waren wie immer außerordentlich liebenswürdig empfangen worden. Anschließend daran geleitete der Flaggenleutnant auch den zur Rechtfertigung an Bord gerufenen Offizier zum Eskaderkommandanten, doch ohne dem Vorgesetzten den Grund der Vorladung zu melden.

Admiral von Kunsti hielt ihn somit gleichfalls für einen Kommandanten aus dem Golf, war sehr leutselig und erkundigte sich schließlich auch nach Frau und Kindern seines Gesprächspartners. Der erstaunte Offizier trat drei Schritte zurück und meldete: „Exzellenz, Verzeihung, ich bin der beanstandete Kutteroffizier." „Na, wissen S' ", erwiderte daraufhin der Admiral, „so schnell kann ich nicht von freundlich auf grob umsatteln, gehn S' wieder weg!"

Kein Vergleich

Admiral Sterneck besichtigte als Marinekommandant das Seearsenal in Pola, dessen Kommandant er vorher viele Jahre lang gewesen war. Beim Tor der Ausrüstungsdirektion begrüßte er den ihm noch aus dieser Zeit bekannten und dort schon

jahrelang bediensteten Lissa-Veteranen Marinediener Tognon mit den freundlichen Worten: „Non xe vero, Tognon, diventemo veci?“ (Nicht wahr, Tognon, wir werden alt?“)
Worauf er prompt die Antwort erhielt: „Lei si, eccellenza, mi no!“ („Sie ja, Exzellenz, ich nein!“)

Vorbeugende Maßnahme

Admiral Montecuccoli war immer ein strenger Vorgesetzter und besonders scharf gegen die Seekadetten. Als er einmal, noch als Divisionskommandant, ein ihm unterstehendes Schiff inspizierte, fragte er nach Tisch dessen Kommandanten: „Hast Du die Seekadetten eigentlich schon eingesperrt?“ „Nein, Herr Admiral“, lautete die Antwort, „sie haben bisher keinen Anlaß dazu gegeben.“ „Ja, wenn Du erst warten willst, bis ein Anlaß da ist, dann wird es zu spät sein“, meinte der Admiral.

Der Unterschied

In der Ära Montecuccoli wurde wieder einmal — wie schon so oft — an der Adjustierung herumgebessert. Dabei wurde vorgeschlagen, die am Rand der Kappe angebrachten Goldstreifen nach britischem Vorbild durch entsprechende Distinktionen am Kappenschirm zu ersetzen. Diesem Vorschlag widersetzte sich jedoch ein älterer Admiral heftig und begründete dies damit, daß es dann überhaupt nicht mehr möglich sein werde, von hinten einen Admiral vom allerjüngsten Seekadetten zu unterscheiden. Da klopfte Graf Montecuccoli dem Admiral beruhigend auf die Schulter und lachte: „Na, mein Alter, uns zwei wird man auch dann sicher noch von einem Seekadetten unterscheiden können!"

Avancement durch Galanterie

Linienschiffsleutnant Szentmiklossy wurde „außertourlich" Korvettenkapitän. Unter den Kameraden herrschte allgemeines, ehrliches Erstaunen.
„Aber ist doch sehr einfach", sagte der Avancierte, „hab' ich beim letzten Marine-Kasinoball in Pola Admiralin mit Tochter verwechselt!"

Ein Zimmer, bitte

Nagy Falva von Miksa, Leutnant bei den Husaren, macht einen Ausflug nach Cattaro, um sich zu überzeugen, ob das Meer tatsächlich größer sei als der Plattensee.
Im Hotel „Stadt Graz" will er ein Zimmer nehmen, doch der in eine Zeitung vertiefte Portier nimmt absolut keine Notiz von ihm. Schließlich brüllt der Husar mit unverhüllter Drohung: „Sie, wenn Sie mir jetzt nicht sofort ..." — Da endlich wendet der Portier sich milde lächelnd dem ungestümen Gast zu: „Pardon, Herr Leutnant, ich kann Ihnen wirklich kein Zimmer geben. Ich bin nämlich der kommandierende Admiral."

Ein Kavalier

Kaiserin Elisabeth pflegte für Mittelmeerreisen stets gerne die kaiserliche Yacht „Miramar" zu benützen. Überall dabei, weil unentbehrlich, war stets die Friseurin der Kaiserin, Frau Feifalik. Diese hatte ein Auge auf einen Schiffsoffizier, den besonders gut aussehenden Linienschiffsleutnant von Barry, geworfen.
Eines Tages ankerte die Yacht „Miramar" vor der Insel Capri, und Frau Feifalik erbat

und erhielt von der Kaiserin die Genehmigung, eine Bootsfahrt in die Blaue Grotte zu machen. Linienschiffsleutnant Barry hatte sie dabei zu begleiten. Die Zeit war diesem Besuch freilich nicht günstig, da eben Flut einsetzte und schon die freie Zufahrt in die Grotte bedrohte. Obwohl der Barkenführer nach erfolgter Einfahrt zur Eile mahnte, um nicht durch das steigende Wasser die Ausfahrt zu verpassen, blieb man zu lange in der Grotte, sodaß dem Barkenführer nur noch übrig blieb, den beiden Fahrgästen zu empfehlen, sich übereinander zu legen, um die flutbedingt niedrig gewordene Öffnung doch noch passieren zu können. Schamvoll schickte sich Frau Feifalik ins Unvermeidliche, nahm aber vorher dem Offizier noch das Ehrenwort ab, von dieser verfänglichen Situation niemandem gegenüber auch nur ein Sterbenswörtchen zu erwähnen. Inzwischen hatte aber die bereits ungeduldig gewordene Kaiserin das Schiff dicht neben den Grotteneingang legen lassen, und so starrten zahlreiche Fernrohre auf das sich in der Barke wieder aufrichtende Paar: Die Kaiserin zürnte, der Schiffskommandant tobte, der Linienschiffsleutnant aber schwieg beharrlich. Er berichtete erst dann über den Vorfall, als er durch die Kaiserin, der Frau Feifalik den wahren Hergang gebeichtet hatte, seines Ehrenwortes enthoben war.

Sinnestäuschung

Konteradmiral M. war Seebezirkskommandant, im Dienst ein sehr strenger Herr und Vorgesetzter, ansonsten aber ein liebenswürdiger Kamerad, führte ein offenes Haus und sah es gerne, wenn seine Offiziere heiter und ungezwungen bei ihm verkehrten. Da er gleichzeitig Stationskommandant war, achtete er streng darauf, daß alle auch außer Dienst stets mit umgeschnalltem Säbel erschienen.

Eines schönen Tages stand er am Fenster seines Dienstzimmers und betrachtete das rege Getriebe auf dem darunterliegenden Hauptplatz, als er plötzlich unter den Promenierenden den Linienschiffsfähnrich Biringer ohne Säbel, eine Virginia zwischen den Fingern, dem Weinlokal gegenüber zustreben sah. Admiral M. befahl der diensthabenden Ordonnanz, den Herrn Linienschiffsfähnrich sofort heraufzurufen. Dieser stapfte auch einige Minuten später die Stiege herauf, wohl wissend, weshalb er so plötzlich gerufen worden war. Im Zimmer des Adjutanten fiel Biringers Blick auf den dort hängenden Säbel des Herrn Admiral. Er schnallte ihn kurz entschlossen um und betrat vollkommen ruhig das Dienstzimmer. Der Gestrenge stutzte und war nun vollkommen überzeugt, das Opfer einer momentanen Sinnestäuschung gewesen zu sein. So bat er den Offizier, abends zu einer Schale Tee zu kommen, was der Schiffsfähnrich auch dankend annahm. Im Adjutantenzimmer schnallte er ruhig den Säbel ab, hing ihn an seinen Platz, ging hinunter und nahm neuerdings Kurs auf das Weinlokal. Die Falkenaugen des Admirals folgten dem Enteilenden. Bei aller Schärfe seiner Augen — der Schiffsfähnrich hatte doch keinen Säbel! — Noch einmal holte die Ordonnanz den Herrn Linienschiffsfähnrich zurück, Biringer schnallte wieder den Säbel des Admirals um und betrat abermals den Raum. Konteradmiral M. betrachtete eine Weile mit größter Aufmerksamkeit sein Gegenüber und sagte dann beiläufig: „Lieber Biringer, verzeihen Sie, daß ich Sie noch einmal rufen ließ; ich vergaß, Ihnen die genaue Uhrzeit, nämlich sechs Uhr, zu sagen." Biringer verbeugte sich dankend und verließ den Raum. — Einen Augenblick später war der Admiral in seiner gleich nebenan befindlichen Privatwohnung, führte seine

Frau zum Fenster, deutete auf den doch wieder ohne Säbel auf der Straße dahinschreitenden Biringer und fragte mit vor Aufregung zitternder Stimme: „Schau doch, Melanie, hat der Schiffsfähnrich einen Säbel oder nicht?“ Frau Melanie warf einen Blick auf den gerade in die Weinstube verschwindenden Biringer und sagte bestimmt: „Nein! Der Offizier hat keinen Säbel.“ — Der Konteradmiral warf seiner besseren Hälfte nur einen überlegenen Blick zu und sagte, pfiffig lächelnd: „Das habe ich auch geglaubt, er hat aber doch einen Säbel!“

Wenn der Bart dynastisch ist

Der verhinderte Kaiserbart

Die k. u. k. Eskader lag vor Smyrna. Nach längeren taktischen Übungen und Scheibenschießen auf See waren alle froh, bald wieder einmal festen Boden unter den Füßen zu haben.

In zwei Gliedern standen die Urlauber auf dem Achterdeck angetreten, um sich einer gründlichen Visite durch den Gesamtdetailoffizier, einen sehr kritischen Herrn, zu unterziehen. Extraschuhe waren streng verboten, eine nach eigenem Geschmack veränderte Montur war schon ein schweres Verbrechen, ein unrasiertes Gesicht aber wurde einem mehrfachen Raubmord gleichgestellt.

Matrose 2. Klasse Stipe und Matrose 4. Klasse Kume standen im zweiten Glied, denn Stipes Antlitz glich einer abgenützten Kotbürste. „Aaaah!“ Mit diesem nichts Gutes verheißenden Ausruf blieb der Gesamtdetailoffizier vor Stipe stehen: „Wie können Sie sich erfrechen, mit so einer Kratzbürste im Gesicht anzutreten?“ „Herr Korvettenkapitän, ich lasse mir jetzt einen Kaiserbart wachsen“, meldete, rasch gefaßt, Stipe, in der Meinung, durch die dynastische Gesinnung zeigende Barttracht das Gemüt des Offiziers zu besänftigen. „Was heißt

Kaiserbart!“ schrie der Korvettenkapitän, „ganz Smyrna bleibt stehen und zeigt auf dieses Stachelschwein; Profoß, haben Sie denn das nicht bemerkt? Der Kerl soll sich augenblicklich rasieren oder rasieren lassen; nur wenn er um vier Uhr menschlich aussieht, darf er mit dem Postboot ans Land fahren. Abtreten!“

Stipe begab sich mit Kume unter Deck, beide begannen nachzudenken. Der Friseur war als Urlauber an Land gegangen, wer sollte ihn vertreten? Da fiel Stipes Blick auf Kume; dieser mußte ihn, trotz heftigsten Sträubens, rasieren. Das ging freilich nicht ohne Blut ab, und in Ermangelung eines Heftpflasters klebte Kume einfach Zigarettenpapier auf die blutenden Stellen; der Anblick war zwar traurig, aber der Befehl war ausgeführt worden.

Schlag vier Uhr meldeten sich Stipe und Kume beim Gesamtdetailoffizier. Dieser fand Stipes Gesicht vorschriftsmäßig und meinte nur: „Jetzt sieht der Kerl wenigstens menschlich aus!“ Nach verbürgten Aussagen von Augenzeugen soll der siegesgewohnte Stipe damals nur wenig Gnade vor den Augen der holden Weiblichkeit Smyrnas gefunden haben.

„Brennt hat's aa . . . "

Während einer Auslandsmission brach in der Nähe des Ankerplatzes eines österreichischen Kreuzers ein Brand aus; da man des Feuers nicht Herr zu werden glaubte, wurde der Kommandant des Kriegsschiffes um Hilfeleistung ersucht. Eine Matrosenabteilung mußte unverzüglich zum Brandort abrücken.

In der Frühe kamen die Wackeren zurück, aber da der Zugskommandant etwas angeheitert erschien, wurde er vom Wachoffizier nach dem Verlauf der Assistenzleistung gefragt.

„I meld' g'horsamst, Herr Schiffsleutnant", meinte der Unteroffizier, „g'soff'n ham ma, Menscher war'n da und . . . und brennt hat's aa . . . "

Die Übersetzung

Der Profoß der Matrosenkompanie notierte sich den Zivilberuf der zur Marine einrückenden Freiwilligen:

„ . . . Und was san Sö?"

„Interims-Assistent an der biologischen Versuchsstation."

„Sö, Herr, Sö! Glaub'n S', i hab' Zeit, daß i

mir aus'm Konversationslexikon aussakritzel', was Sö san? Eisenbahnbeamter san S', fertig!"

Felix Austria

Zu einer zur Gänze aus Kroaten bestehenden Matrosenkompanie rückten die Rekruten ein. Der als Rekruteninstruktor fungierende Fregattenleutnant nahm die Personalien auf und fragte die neu eingerückten Matrosen auch nach ihren Sprachkenntnissen.

Ein Matrose gab an, außer kroatisch, seiner Muttersprache, auch böhmisch zu sprechen. „Wo haben Sie denn die böhmische Sprache erlernt?" fragte ihn der Offizier.

„In Tirol!" lautete die im alten Österreich keineswegs ungewöhnliche Antwort.

Gut gelernt

Matrose 3. Klasse Ivo Bokanjac hatte einen Kameraden unter Lebensgefahr vor dem Ertrinkungstod gerettet und sollte dekoriert werden. Stab und die Mannschaft also en parade, Ivo vor der Front.

Der Linienschiffskapitän: „. . . und aus diesem Anlasse hat Seine Majestät geruht, dem braven Matrosen Ivo Bokanjac . . . “
Ivo (laut einfallend): „Hier!“
Der Kapitän: „Halt's Maul, Du Trottel!“

Unpassend

Aus einem Hafenadmiralatsbefehl: „Morgen um 7 Uhr früh findet die Kommunion für die römisch-katholische Mannschaft in der Marinekirche statt. Der Inspektionsoffizier hat hiebei anwesend zu sein und bleibt auch dafür verantwortlich, daß die Musik am Hinmarsch passende Märsche bzw. Musikstücke und nicht, wie im Vorjahr, ‚Heut' geh' ich ins Maxim‘ spielt.“

Höhere Instanz

In einem der größeren Häfen der Monarchie war es Brauch, daß jeden zweiten und dritten Sonntag im Monat eine „Harmonie“, wie eine kleine Besetzung in der österreichischen Militärmusik auch heute noch heißt, eines der dort liegenden Kriegsschiffe zum Kirchgang kommandiert wurde. Im Fasching erschien diese Musik-

abteilung gewöhnlich ganz verschlafen in der Kirche, weil die meisten Musiker ja bis in den frühen Morgen gespielt hatten. Der Marinemusikunteroffizier, ein unverfälschter Böhm', beeilte sich jedesmal, um die Kirche so bald wie möglich verlassen zu können, und dirigierte die frommen Lieder, so schnell es nur ging, herunter. Es passierte dabei öfters, daß die Musik dem Ablauf der heiligen Handlung gar nicht entsprach.
Der Pfarrer, dem dieses Vorgehen endlich einmal zu dumm wurde, ließ den Unteroffizier zu sich rufen und schrie ihn zornig an: „Sie wissen noch immer nicht, wann Sie zu spielen haben: 'Wohin soll ich mich wenden!'"
Verdutzt gab ihm der Musikführer zur Antwort: „Hochwürden, an das Hafenkommando."

Theorie und Praxis

Ärarische Fastenpredigt von der Kanzel der Marinekirche. Der Herr Marinekurat warnt vor den Folgen des Lasters:
„... Meine lieben Marineure! Hütet Euch vor dem Laster; alles Unheil kommt vom Weibe, aller Sünden Quelle ist das Weib,

aus dem Weibe lockt und seufzt und buhlt der Teufel! Lächelt nicht, meine Lieben — ich weiß das nicht aus eigener Erfahrung, aber ich habe sehr gute Freunde und Kameraden im Spital . . . "

Dienstsprache

S. M. Schiff „Ariadne" war in Mayotte eingelaufen, der kommende Sonntag sollte die katholischen Kolonisten bei einer an Bord zelebrierten Messe vereinigen, so wünschte es sich der Kommandant. Der Orden der „Pères capucines" hatte einen Priester, die katholische Mädchenschule den Chor zu stellen. Alles wahr wohlvorbereitet, nur ein des „Ministrierens kundiger Matrose" — wie es in der Vorschrift hieß — konnte nicht aufgetrieben werden.
Schon schien es, als ob die Lieblingsidee des Schiffskommandanten daran scheitern sollte, da meldete sich Schiffsprofoß Benedić, der als Jüngling eine Klosterschule besucht hatte, und mit einiger Nachhilfe lief die Feier zur allgemeinen Befriedigung und Erbauung ab. Dem Retter in der Not wurde Dank und Anerkennung gespendet. Die Konduitebeschreibung des wackeren Benedić enthielt im nächsten Quartal in

der Rubrik: „Spricht und schreibt Sprachen“ die Eintragung: „Lateinisch zum Dienstgebrauch genügend“.

Es riecht nach Karbol

Kein Spaß

Schiffswundärzte 1. und 2. Klasse bildeten in der – bis 1889 k. k., dann k. u. k. – Kriegsmarine die unterste Stufe in der höheren medizinischen Hierarchie. Sie waren als „Nichtgraduierte" im Marinesanitätsdienst tätig und wurden erst in den achtziger Jahren des vorigen Jahrhunderts, nachdem ihr Stand nicht mehr erneuert wurde, zur Gänze von Marineärzten mit Doktorat ersetzt.

Um diesen pflichteifrigen und braven Stand nicht ganz in der Vergessenheit versinken zu lassen, sei eine kurze Episode erzählt: Schiffswundarzt 1. Klasse Wilhelm Kratochwill beobachtete einen Matrosen, der seine entzündeten Augen mit einem nassen Tuch kühlte, um die Schmerzen zu lindern. Kratochwill fragte den Matrosen, was ihm fehle, worauf dieser antwortete: „Herr Wundarzt, meine Augen tan ma weh!" Der Arzt: „Warum kommen Sie denn nicht zu mir?" Worauf der Matrose heftig dankend abwehrte: „Oh, na, dank' schön, Herr Wundarzt, aber mit den Augen soll man net spaßen!"

Die Speisesaalbekanntschaft

Der spätere Linienschiffsarzt Dr. Leo Arbesser von Rastburg hatte gleich nach Beendigung seiner Studien den Entschluß gefaßt, seinen Militärdienst bei der Kriegsmarine abzudienen. Einerseits lockte die Aussicht auf ereignisreiche Seereisen, andererseits wußte er, daß es bei der Marine keine Waffenübungen für Reservisten gab. So schrieb er ein Gesuch, reichte es ein und erhielt alsbald die Ernennung zum provisorischen Fregattenarzt. Zuerst wurde er der chirurgischen Abteilung des Marinespitals in Pola zugewiesen und in einigen Sonderfächern, wie Kriegschirurgie, Tropenhygiene und Dienstreglement, ausgebildet. Über diese Gegenstände hatte er nach Verlauf eines halben Jahres eine Prüfung abzulegen, worauf er zum „effektiven" Fregattenarzt ernannt wurde. Damals — es war im Sommer, wer es sich leisten konnte, war auf Ferien — wohnte der junge Doktor in dem zwischen dem Bahnhof von Pola und der Arena gelegenen Luxushotel „Riviera" (es heißt auch heute noch so), das außer ihm nur einen älteren Herrn mit weißem Spitzbart beherbergte. Dieser pflegte seine Mahlzeiten regelmäßig im entferntesten Winkel des riesengroßen Speisesaales einzunehmen. Da den Ärzten das Tragen von Zivilkleidern außer Dienst gestattet war, trug Dr. Arbesser die Uniform nur im Dienst.

Eines Abends ergab sich für den Arzt durch Zufall die Gelegenheit, mit dem älteren Herrn ins Gespräch zu kommen. Man unterhielt sich über Botanik, und obwohl dem jungen Mediziner dieses Gebiet keineswegs fremd war, staunte er über die umfassenden Kenntnisse, die der ihm Unbekannte an den Tag legte. Beide nahmen ihre Mahlzeiten bald gemeinsam ein. Einmal nun richtete Dr. Arbesser, der vom Garnisonsdienst schon genug hatte, an seinen Gesprächspartner die Frage, ob dieser denn keinen einflußreichen Marineoffizier kenne, der ihn für die Einschiffung vorschlagen könnte. „Oh doch, ich glaube schon", erwiderte der ältere Herr lächelnd, „ich bin nämlich der Marinekommandant." Auf diesem nicht alltäglichen Weg hatte Dr. Arbesser den späteren Großadmiral Anton Haus kennengelernt.

Drum!

Bei der Assentierung wurde immer auch die Sehschärfe geprüft. Eines Tages dauerte die Untersuchung ungewöhnlich lang: Wenn der Mann mit der Hand das rechte Auge verdeckte, konnte er nämlich mit dem anderen Auge auch die größten Buchstaben nicht einmal aus der allernächsten Nähe lesen. Der Marinestabsarzt untersucht beide Augen und meint dann: „Ja, das linke Auge ist allerdings trübe; seit wann haben Sie denn das?" Darauf nimmt der Gefragte mit einem kurzen Griff sein linkes Auge aus der Höhle und sagt treuherzig: „I bitt', dös Glasaug' war schon a so, wia ich's kauft hab'."

Verrückte Bewegungen

„Herr Marinestabsarzt, ich melde gehorsamst, wenn ich beide Arme waagrecht ausstrecke, dann die Unterarme senkrecht stelle und nach rückwärts biege, hierauf einen Halbkreis beschreibe, fühle ich ein Stechen in den Schulterblättern."

„Mir scheint, Fähnrich, Sie sind besoffen, wozu machen Sie denn so verrückte Bewegungen?"

„Herr Stabsarzt, ich bitte gehorsamst, ich muß mir doch den Mantel anziehen!“

Alles da

Linienschiffsleutnant 2. Klasse S. erteilt morgens beim Appell seinem Stabsbootsmann den Befehl, den Matrosen 3. Klasse Meyer zur Marodenvisite zu senden, „behufs Konstatierung seines Augenleidens.“ — Der Unteroffizier trägt ins Marodenbuch ein: „Matrose 3. Klasse Meyer zur Konstatierung seiner Augen“, und sendet Buch und Matrosen zum diensttuenden Marinearzt. — Nach dem Einrücken ließ Linienschiffsleutnant S. sich das Marodenbuch vorlegen und fand folgende Eintragung: „Beide Augen vorhanden. F., Schiffswundarzt 1. Klasse.“

Lieber weiterläuten

Im Garnisonsspital der Kriegsmarine in Dignano bei Pola wurden sämtliche Signale durch Schläge an eine beim Tor hängende Glocke bekanntgegeben. Das Erscheinen eines Sanitätschefs oder Admirals wurde von der Torinspektion durch zwei kurze Schläge und darauffolgendes, lang anhaltendes Läuten angekündigt. Admiral von R. wollte eines Tages inspizieren, aber dabei unangemeldet in das Spital gelangen. Die Torinspektion hatte freilich indessen schon den hohen Herrn erblickt. Rasch sprang der Matrose zur Glocke, packte den Riemen und gab zwei kräftige Signale. Da legte sich eine schwere Hand auf seinen Arm und Admiral von R. schnaubte ihn an: „Nicht läuten! Verstanden?!"

Aber der biedere Matrose kratzte sich verlegen hinterm Ohr. „Herr Admiral, melde gehorsamst, jetzt muaß i's scho' ausläuten!"

„Warum?"

„Ja — weil — weil . . . "

Der Admiral wurde ungeduldig: „Na, weshalb denn?"

Da gab sich der Sohn der Reichs-Haupt- und Residenzstadt Wien einen Ruck und meinte mit verschämtem Lächeln: „Herr Admiral, bitt' g'hursamst, was i bis jetzt'n g'litten hab', das heißt: Misttrücherln heraus! Der Mistbauer ist da!"

Admiral von R. ließ weiterläuten.

Zweideutig

Matrose 2. Klasse A. kam zur Marodenvisite und klagte beim „Herrn Doktor" über Schmerzen in den Füßen. Linienschiffsarzt Lenoch, der sich schon ganz als der zukünftige Marinestabsarzt fühlte, war tief empört darüber, daß der Matrose ihn konsequent mit „Herr Doktor" und nicht mit seinem Dienstrang ansprach. Endlich wurde es ihm zu dumm und er kam entrüstet zum Detailoffizier: „Herr Linienschiffsleutnant, ich bitte, sperr' den A. ein — der Kerl sagt mir konstant ‚Herr Doktor' anstatt ‚Herr Linienschiffsarzt'."

„Behandelst Du ihn schon länger?"

„Vierzehn Tage."

„Und er sagt noch immer ‚Herr Doktor'?"

Untauglich

Matrose 2. Klasse Wenzel Dvorzalek hörte absolut gar nichts. Kein Anschreien konnte ihn aus der Ruhe bringen, kein Kommandoruf erreichte sein Ohr. Matrose Dvorzalek ging zur Beobachtung und Beurteilung seiner Hörschärfe an das Marinespital in Pola ab. Nach zwei Wochen kehrte er mit folgendem ärztlichen Befund zurück:

„Infolge überstandener Mittelohrentzündung auf dem rechten Ohr taub, auf dem linken schwerhörig. Perforation beider Trommelfelle."
Matrose 2. Klasse Wenzel Dvorzalek stand eine Woche später vor der Überprüfungskommission in der Universitätklinik in Wien und erhielt den Bescheid: „Ausscheiden aus der Kriegsmarine!"
Matrose Dvorzalek wurde sofort entlassen. Zwei Tage später konnte er bereits wieder seiner bürgerlichen Beschäftigung als Klavierstimmer nachgehen.

Rückfällig

Se. Eminenz der Herr Feldbischof besucht das Marinespital in Pola und erkundigt sich am Bett des Schwerkranken nach dem Befinden des Patienten. Schnell gefaßt, erwidert ihm der Marinestabsarzt: „Eminenz, der Kranke befindet sich bereits wohler; sollte er jedoch rückfällig werden, lasse ich ihn sofort wieder beichten und versehen."

Das Kennzeichen

Der Herr Linienschiffsleutnant hält Schule. Thema: Chargengrade, Adjustierung und Distinktionen.

„Wie erkennt man einen Fregattenarzt?" fragt er einen Matrosen. Und prompt erfolgt die Antwort: „Er stinkt nach Karbol, Herr Schiffsleutnant!"

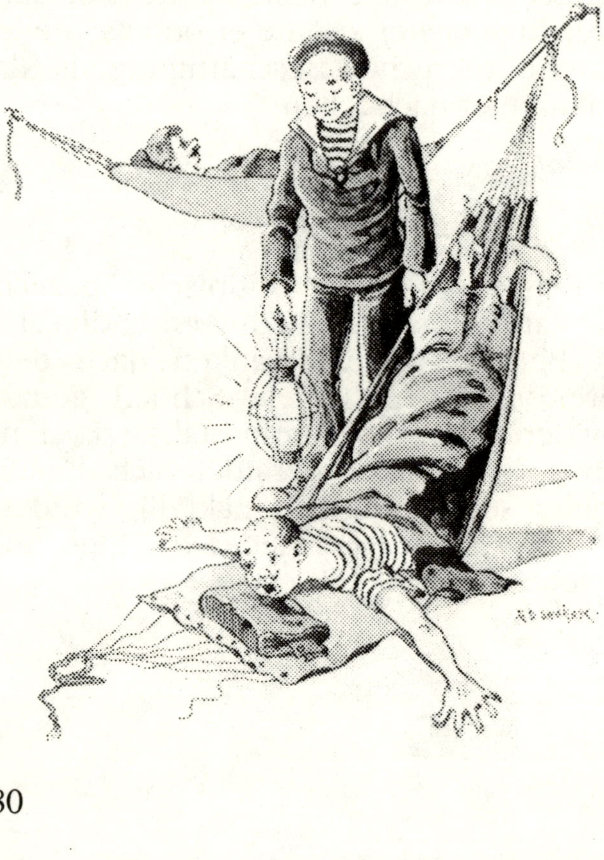

„Nella Kriegsmarine gavemo Kofferkessel"

Dringender Eid

Das technische Personal in der k. u. k. Kriegsmarine gehörte nicht dem Soldaten-, sondern dem Beamtenstand an, und so mußten noch zu Zeiten Tegetthoffs die Maschinenbetriebsleiter ebenso wie die Ärzte und das aus dem Zivilstand aufgenommene Küchen- und Servierpersonal vor jeder Einschiffung den Flaggeneid ablegen — erst dann war man den Soldaten gleichgestellt, mußte die entsprechenden Pflichten auf sich nehmen und sich der militärischen Disziplin unterwerfen. Nun hatten sich kurz vor Ausbruch der Feindseligkeiten mit Italien 1866 viele Freiwillige auch zur Kriegsmarine gemeldet, unter ihnen der Grazer Technikstudent Josef Bruck, der wegen seiner theoretischen Kenntnisse sofort als vierter Maschinenmeister auf das Linienschiff „Kaiser" kommandiert wurde. Er nahm unverzüglich seinen Dienst im Kesselraum des Schiffes auf, wobei freilich im Trubel der Vorbereitungen für die bevorstehende Auseinandersetzung mit der italienischen Flotte offenbar einfach vergessen wurde, den Freiwilligen Bruck unter der großen Heckflagge den Treueschwur leisten zu lassen. Und so machte Bruck die Seeschlacht von

Lissa am 20. Juli 1866 eben unvereidigt mit, wurde aber, als sich der hart mitgenommene „Kaiser“ nach Beendigung der Schlacht in den Hafen von Lissa zurückgezogen hatte, fieberhaft gesucht und von einer Ordonnanz endlich (an einem stillen Ort) aufgespürt: „Herr Maschinenmeister, Sie sollen glei’ zum Herrn Detailoffizier kommen!“ „Warum denn so eilig?“ klang es durch die verriegelte Tür. „Den Flaggeneid als Marinepiamter haben s’ net g’leistet und da sollen S’ glei schwören kommen“, richtete die Ordonnanz befehlsgemäß aus.

K. u. k. Bordsprache

Maschinenmaat Wenzel Sluga stammte aus Böhmen und war auf seinem Schiff vorzugsweise mit der Ausbildung jener Marinerekruten beschäftigt, die als Heizer an den Schiffskesseln für genügend Dampfdruck zum Betrieb der Maschinen zu sorgen hatten. Slugas Einführungsunterricht begann also: „Attenti, Heizer! Nella Kriegsmarine gavemo Kofferkessel, einfache e doppelte Zylinderkessel i jedno drugo Kessel che si sove Wasserrohrkessel. – Rasumite?“ Das war eben die Marinesprache: alle Sachbezeichnungen waren deutsch, alle übrigen Wörter aber eine Mischung aus deutsch, italienisch und kroatisch. Nach jedem „Rasumite? — verstanden?“ brachten Slugas Zuhörer durch mehrmaliges vor sich Hinmurmeln der deutschsprachigen Bezeichnungen zum Ausdruck, daß sie den Lehrstoff begriffen hätten, und Sluga konnte befriedigt im Vortrag weitergehen.

Die Generalprobe

Eines Tages wurde Maschinenmaat Wenzel Sluga eine besondere Auszeichnung zuteil: er wurde auf die Yacht „Miramar“ kommandiert, mit der Kaiserin Elisabeth eine längere Kreuzfahrt zu unternehmen gedachte. Sluga hatte deshalb seine Maschinenmannschaft entsprechend zu belehren, wie sie sich dem hohen Fahrgast gegenüber zu verhalten hätte, sollte dieser einmal den Wunsch äußern, den Maschinenraum zu besichtigen. Unter Zuhilfenahme des Dienstreglements gelang die theoretische Unterweisung auch prächtig, Sluga konnte zufrieden an Land gehen, um sich vor dem Auslaufen der Yacht noch von einigen Kameraden gebührend zu verabschieden. Der Abschied freilich war lang, der istrianische Landwein ausgezeichnet und billig, die Nachtruhe deshalb kurz. Und die wohlmeinende Absicht, die Heizer nochmals in korrektem Auftreten zu schulen, ging denn auch gründlich daneben. Sluga kündigte seiner erstaunten Mannschaft nämlich an, er selbst werde jetzt die Kaiserin vorstellen, die unangesagt in den Maschinenraum komme. Jeder, der eine dienstliche Obliegenheit im Kesselraum zu verrichten habe, müsse sich bei ihr melden. Stramm, die Hand an der Kappe, in Habtachtstellung, tat jeder, wie ihm befohlen, und die Generalprobe für den Besuch Ihrer Majestät im Maschinenraum wäre erfolgreich und ohne Aufsehen abgelaufen, hätte Sluga nicht einen zündenden Einfall gehabt, der die akustische Krönung des Majestätsbesuches werden sollte: die am Feuerplatz anwesenden Leute sollten in ein dreifaches „Hurra“ ausbrechen, sobald er, Sluga, den Augenblick markieren werde, in dem die Kaiserin den Raum verläßt. Hierauf stieg er bis zur halben Höhe die Kesseltreppe hinauf, um von dort wie abschiednehmend zu winken. Das nun folgende dreifache „Hurra“ war freilich so laut, daß Inspektionsoffizier, Wachkadett und Fallreepsunteroffizier zum Maschinenraum stürzten, um die Ursache der nächtli-

chen Begeisterung zu ergründen. Slugas Meldung war militärisch knapp: „Herr Schiffsleutnant, melde gehorsamst, ich bin die Kaiserin und komm' jetzt wieder auf Deck ... "
Der Schiffsarrest war auf der Yacht „Miramar" zwar nicht komfortabler als auf den anderen k. u. k. Schiffen, aber für die nächsten Stunden hatte Maschinenmaat Sluga dort wenigstens die dringend nötige Ruhe, um die Wirkung des reichlich genossenen Istrianers auszuschlafen.

Es läppert sich

Beim Übergang von der Öl- zur elektrischen Beleuchtung hatten aus Offizieren und Beamten bestehende Kommissionen festzustellen, welche Lichter die ganze Nacht, welche nur bis zum „Abpurren", welche nur des Morgens, bzw. welche überhaupt nicht einzuschalten wären, um tunlichst an Strom und damit an Brennstoff zu sparen. Auf einem der Schiffe wollte der Kommandant, der sich selbst an die Spitze der Kommission gestellt hatte, die Gelegenheit benützen, um instruktiv auf die Seekadetten einzuwirken. Er befahl, daß sämtliche dienstfreien Kadetten an der

Begehung des Schiffes teilzunehmen hätten. Natürlich blieben diese nicht lange bei der Sache, der Kommandant hörte bald ihr Gelächter und Geschwätz. Mit ernster Miene sagte er: „Da gibt es gar nichts zu lachen, meine Herren! Überall kann man Ersparnisse machen, da ein Volt, da ein Ampère, da ein Ohm.“

Eiserne Reserve

Mit großen, eisernen Buchstaben geschrieben, prangte der Name des Torpedobootes „Anaconda“ zu beiden Seiten des Schiffes; da kam eine hohe Kommission des Marinetechnischen Komitees und beschloß, die eisernen Buchstaben gegen solche aus Aluminium auszuwechseln, da das Gewicht der eisernen Buchstaben Einfluß auf den Tiefgang des Bootes und damit die Schiffsgeschwindigkeit haben könnte. Der Schiffskommandant erhielt den diesbezüglichen schriftlichen Befehl, doch mit dem Zusatz, die alten Buchstaben als „eiserne Reserve“ an Bord zu behalten.

Unverschämtheit

Beim Übergang von der Segel- zur Dampfschiffahrt gab es für die alten Schiffsoffiziere auch eine Menge neuer Ausdrücke zu erlernen, die für die Seglerkapitäne schwer zu merken waren.
Eines Tages gab es auf dem Lloyddampfer „Imperator" in der Maschine eine Havarie. Der Maschinist wurde auf die Brücke gerufen und meldete: „Signor Commandante, da ist der Vakuum daran schuld!"
„Welche Unverschämtheit", brüllte der Kapitän, „schicken Sie mir den Kerl morgen zum Rapport!"

„ . . . da laß dich ruhig nieder"

Auf den ersten k. u. k. Unterseebooten war kein Klosett vorgesehen, es war einfach kein Platz dafür. Wenn wirklich notwendig, geschah das Notwendige achter „über Bank". Wenn aber schlechtes Wetter diese Art von Freiluftbetätigung verhinderte, war man gezwungen, sich in den Maschinensood zu erleichtern. Bei Offizieren ließ die Mannschaft dabei zwecks Wahrung der Disziplin auf dem Grammophon flotte Märsche spielen.

K. u. k. Marinegehirn-schmalz

Rollentausch

Für die Marine fehlte es im alten Österreich, das bis zu seinem Ende trotz seiner istrianischen und dalmatinischen Küsten ja letztlich doch ein Binnenstaat war, fast immer an Interesse und damit auch an Geld. Das wirkte sich natürlich wiederum auf die Ausbildung des Nachwuchses aus. Max von Rottauscher, dem wir ein wunderschönes Erinnerungsbuch an die Jahre vor 1866, also an die Zeit, „als Venedig noch österreichisch war", verdanken, erzählt, wie einst einer der Lehrer in einem der ohnehin gering geachteten technischen Fächer während seines Vortrages einfach nicht mehr weiter wußte, bis einer der Seekadetten nach vorne ging und das offene Problem an der Tafel stillschweigend zu Ende führte: „Ja zum Kuckuck", schrie der Professor, „dann tragen halt Sie von jetzt an vor!" „Ach woher", antwortete der Kadett, „für gewöhnlich habe ich während Ihrer Stunde meine Tarockpartie", und setzte sich wieder nieder.

Seltsamer Vogel

Marineinfanteriehauptmann N. hielt bei seinem Regiment Mannschaftsschule. Das Repetiergewehr war eben neu eingeführt worden und N. wollte die Leute zum Munitionssparen erziehen.

„Mittenhuber, sagen Sie mir etwas über die Nachteile des Repetiergewehres!" Der Marineinfanterist schaute nur ratlos.

„No, mir scheint, Sie wissen überhaupt nicht, was Nachteile heißt!"

Mittenhuber: „Oh ja, Nachteule is a schiacher Vogel . . ."

Prompte Meldung

Im Seeaspirantenkurs hatte täglich ein anderer Zögling „Schulinspektionsdienst"; dieser hatte für Ordnung zu sorgen und mußte überdies Offizieren beim Eintritt ins Lehrzimmer die Anzahl der Anwesenden melden.

Eines Tages betrat der Schulkommandant das Lehrzimmer mit den Worten: „Was stinkt denn da so erbärmlich?"

Dienstbeflissen machte der inspektionshabende Aspirant seine Meldung: „Korvettenkapitän, melde gehorsamst, 26 Seeaspiranten!"

Also doch

Der Klassenoffizier fragt bei Beginn der Unterrichtsstunde den Zögling Kuneroli: „Sie, Kuneroli, sind Sie nicht ein Italiener?"
„Nein, Herr Linienschiffsleutnant."
Es vergeht eine kleine Weile, und der Offizier fragt wieder: „Kuneroli, Sie sind ein Italiener, nicht?"
„Nein, Herr Schiffsleutnant."
Wieder eine kleine Weile, und der Klassenoffizier fragt zum dritten Male: „Sie, Kuneroli, Sie sind doch gewiß ein Italiener?"
Dem Zögling geht die Geduld aus und er antwortet resigniert: „Jawohl, Herr Schiffsleutnant!" Da sagt der Linienschiffsleutnant befriedigt: „Na, ich hab' mir's ja gleich gedacht."

Faule Ausrede

In der Marineakademie in Fiume war für 10 Uhr hoher Besuch angesagt. Der hohe Besuch erschien um halb 10, der Klassenoffizer Linienschiffsleutnant Gratzl, der Lehrer für Physiographie des Meeres, eine Viertelstunde später. Der Kommandant,

Linienschiffskapitän Becker, schnauzte ihn an: „Herr Schiffsleutnant, wo waren Sie so lange?“ — „Herr Kapitän, ich melde gehorsamst, ich habe mich rasiert.“

„Keine Ausreden! Wenn so hoher Besuch angesagt ist, rasiert man sich eben acht Tage früher!“

Die Formel der Matrosen

Professor Dr. Josef Köttstorfer, Vorstand des chemischen Laboratoriums und des naturhistorischen Kabinetts der Marineakademie in Fiume, lehrte dort Chemie und Naturgeschichte. Der Professor war Steirer und wurde von Zöglingen aus unerfindlichen Gründen „Kitscho“ genannt. „Kitscho“ unterrichtete Jahrzehnte an der Akademie und hatte das große Verdienst, daß sowohl Admirale als auch Seekadetten die Formel von Amygdalin auswendig wußten. Wenn er nämlich in Chemie das Kapitel „Blausäure“ vortrug und die verschiedenen Zusammensetzungen von Hydratia erklärte, erwähnte „Kitscho“ alljährlich am Schluß die Formel — $C_{20}H_{27}NO_{11}$ — mit der Einschränkung: „Das brauchen Sie sich aber nicht zu merken.“ So kam es, daß ganze Generationen von Seeoffizieren

diese Formel, aber meistens nur diese, kannten.
Wenn „Kitscho" prüfte, halfen sich die Zöglinge gegenseitig durch Einsagen und wendeten dabei allerlei Kniffe an. So wurden zum Beispiel die Teile der einzelnen Elemente in ungarischer Sprache zugeflüstert. Die „ungarische" Hilfsmethode hielt sehr lange, aber als der Professor die Ziffern endlich kannte, ging auch dies nicht mehr. Da nutzte ein Zögling bei seiner Prüfung aus anorganischer Chemie eine ganz eigene Taktik. Es handelte sich darum, die Formel für ein Kohlehydrat aufzustellen. Der arme Prüfling stand ratlos an der Tafel, aber plötzlich rief ihm einer seiner zunächst sitzenden Kameraden „Apollonia" zu. Und siehe da, die Augen des Prüflings begannen zu leuchten und er schrieb die richtigen Zahlen in die Formel ein. Der Professor war sprachlos. Dabei war die Methode ebenso genial wie einfach: Auf der ersten Zöglingsreise der Klasse auf der Korvette „Erzherzog Friedrich" war auch ein Matrose namens Apollonia eingeschifft. Dieser hatte die Personalnummer 95. Als Piquetmatrose hatte er jeden zweiten Tag Dienst. so hörten die Zöglinge jeden zweiten Abend beim Dienstverlesen den Profos: „Piquetmatrose . . . 95", worauf

Apollonia laut mit seinem Namen antwortete. Diese Kombination aus Ziffer und Namen hatte sich allen Zöglingen derart ins Gedächtnis geprägt, daß der Ruf „Apollonia“ den bei der Chemieprüfung an der Tafel stehenden Zögling sofort veranlaßte, 9 und 5 in die Formel einzusetzen. Jahre später wurde Dr. Köttstorfer darüber aufgeklärt. Er lachte herzhaft mit.

Immer ordentlich

Ein Unteroffizier trug „Elektrizität“ folgendermaßen vor: „In der k. u. k. Kriegsmarine sind die positive und die negative Elektrizität eingeführt.“

Hin und zurück

Ein Seekadett wiederholte die Seeoffiziersprüfung. Er war wohl ein ausgezeichneter Praktiker, in der Theorie jedoch wenig beschlagen. Trotzdem reichte es, wenn auch knapp. Der Prüfer im Fach „Elektrizitätslehre“ suchte lange nach einem möglichst einfachen Thema und fragte endlich: „Was tun Sie, wenn bei einem Unglücksfall elektrischer Strom durch einen Mann fließt?“ Darauf erhielt er prompt die Antwort: „Ich schicke einen Gegenstrom durch den Mann.“

Blinder Eifer

Von der Intelligenz des Seekadetten P. wurden in der Marine die unglaublichsten Geschichten erzählt: So habe P. bei seiner ersten Einschiffung eine außerordentlich abfällige Beschreibung erhalten. In sämtlichen Fächern hieß es „sehr schlecht“, in der Rubrik „besondere Fähigkeiten“ prangte das Wort keine. Nur die Beurteilung „Eifer“ war einigermaßen näher umschrieben. Dort hieß es nämlich „minder eifrig, ohne jeden Erfolg“. Kurz, P. war gründlich „verpflastert“.

P.'s nächster Kommandant fand dennoch seine guten Seiten heraus, ließ ihn bei der Neubeschreibung rufen und teilte ihm anerkennend mit: „Also Herr Kadett, so ganz schlecht sind Sie ja doch nicht. Wenn ich Ihnen auch nicht alle Eintragungen gleich verbessern kann, so habe ich wenigstens die wichtigste Rubrik gehörig aufgebessert und Ihnen statt des bisherigen ‚minder eifrig, ohne jeden Erfolg‘ nunmehr

‚sehr eifrig, ohne jeden Erfolg' hingeschrieben."

Der Seehund

Dem Seekadetten St. war gestattet worden, seinen Dackel „Lumpi" an Bord von SMS „Erzherzog Franz Ferdinand" mitzunehmen. Gesamtdetailoffizier dieses Schlachtschiffes war damals der gefürchtete Korvettenkapitän Schw. „Lumpi" führte sich bald wie ein Seekadett auf und wußte, unbegreiflicherweise, im Gegensatz zu seinem Herrn sogar Schw.'s Sympathien zu erringen; beide knurrten einander jedenfalls manchmal freundlich an. — Als St. wieder ausgeschifft wurde, fragte ihn Schw. beim Abschied: „Den Hund nehmen Sie auch mit?" „Jawohl, Herr Korvettenkapitän!" „Schade", meinte darauf Schw., „um den Hund tut's mir nämlich leid!"

Prost

Auf einer k. u. k. Segelkorvette, die während einer Südamerikareise in Buenos Aires vor Anker gegangen war, fand ein großes Fest statt, zu dem auch Damen eingeladen waren. Auf einem so alten und kleinen Kasten war so etwas wie eine Damengarderobe nur mit viel Improvisation einzurichten. Die Hitze war groß, kühle erfrischende Getränke waren überaus gefragt, die natürlichen Bedürfnisse wurden immer dringender, und so sahen die Seekadetten des Schiffes denn, über die Reling geneigt, interessiert zu, wie in immer rascherer Folge eine zarte Hand einen Nachttopf aus der Lichtluke der Damengarderobe hielt und dessen Inhalt ins Wasser schwenkte. Die jungen Herren nutzten die Gelegenheit zu einem Streich, der allerdings bedenklich an die Grenzen des guten Geschmacks herankam: Sie befestigten ein Bierkrügel an einer Schnur, versetzten es in sanfte Schwingungen und ließen es, mit einem kräftigen „Prosit!", mit dem Geschirr zusammenklingen. Der Erfolg war verblüffend! Die zarte Hand ließ den Topf ins Wasser fallen und zog sich blitzartig zurück. Aber auch der Bierkrügelschwenker ließ — sei es aus Überraschung, sei es aus Nachahmungstrieb — das Krügel folgen und verschwand.

Nicht jeder freilich, den es zunächst zur Marine gezogen hatte, blieb ihr auch treu. Der Schriftsteller Franz Karl Ginzkey, dessen Vater als Chemiker im Marinedienst beschäftigt war, trat als junger Mann in die Marineakademie in Fiume ein, wechselte jedoch später zum Landheer, war Infanterieoffizier und schließlich durch viele Jahre Beamter des Militärgeographischen Instituts. Seine Liebe zur See wurde nämlich ganz und gar nicht erwidert; der arme Zögling Ginzkey wurde bei stärkerem Seegang stets schrecklich seekrank: „Neptun verlangte Opfer von mir, die sich jeder Schilderung entziehen. Die See blieb auch später noch lange bewegt, mein Zustand wurde immer bedauernswerter, keines der mir angeratenen Mittel verfing. Ich legte mich flach auf Deck und ließ mich durchnässen und vom Seewind gerben; ich aß ununterbrochen Büchsenhummer, das einzige, was ich merkwürdigerweise vertragen konnte; ich bat zuletzt zwei Kameraden, mich mit dem Tauende zu prügeln, was, wie die Kameraden mir hohnlächelnd versicherten, das probateste aller Mittel sei. Es erwies sich alles als vergeblich. Schließlich befand ich mich in einem derartig verant-

wortungslosen Zustand völliger Demoralisation und grenzenlosen Lebensekels, daß ich mich, ohne irgendjemandem eine Meldung davon zu erstatten, in das Schiffsspital verkroch. Das kleine vierbettige Spital war damals unbenützt und so konnte es geschehen, daß ich zwei Tage und zwei Nächte dort lag, ohne gefunden zu werden. Ich galt als verschollen, als über Bord gegangen, vermutlich von einem Haifisch gefressen, wie die gemütsvollen Kameraden meinten. Die Sorge meiner Vorgesetzten war nicht gering.
Endlich entdeckte der Schiffsmaat meinen Leichnam im Spital und dieser wurde, wohl mehr getragen als geführt, zum Rapport vorgeschleppt. Schiffsleutnant Haus strich sich lächelnd den Tegetthoffbart, den er damals trug. ‚Na so was', begann er (er führte bei uns den Spitznamen Nasowas), ‚na so was ist noch nicht dagewesen. Und Sie wollen dereinst ein brauchbarer Seemann werden? Wissen Sie nicht, daß Nelson seine Schlachten gewann, obgleich er ununterbrochen seekrank war?' Ich glaubte es ihm, aber ich verspürte keinerlei Ehrgeiz in mir, es dem großen englischen Seehelden nachzutun. Ich hatte nur den einen Wunsch: Erde, starke getreue Erde unter den Füßen!"

Hauptkriegshafen Pola

Superarbitriert für „leichten Dienst am Lande“

„Gleichgültigkeit und Trägheit"

Das kleine Städtchen Pola an der nördlichen Adria war die wichtigste Marinegarnison im alten Österreich. Die Marine war im Stadtviertel „San Policarpo" daheim; dort wohnten die Marineure, dort gingen ihre Kinder in die Schule, in der Marinekirche „Madonna del Mare" besuchten sie die Gottesdienste, und auf dem Marinefriedhof wurden sie begraben, einem Friedhof, der sich trotz aller Bemühungen der österreichischen Stellen heute in einem traurigen Zustand befindet.

Kriegshafen war Pola seit 1850, denn die frühere Flottenbasis Venedig galt seit der Revolution von 1848 als „politisch unzuverlässig." (Man sehnte sich in der Lagunenstadt nämlich allzusehr nach der Vereinigung mit einem größeren Italien.) Die Zustände freilich vor dem Ausbau Polas zum Kriegshafen erforderten schon starke Nerven. Der Däne Hans Birch von Dahlerup, damals Vizeadmiral in österreichischen Diensten, beschreibt seinen ersten Eindruck so: „Nachdem ich mit Mühe und Not in Pola an Land gekommen war, begann ein noch stärkerer Nordostwind zu blasen. Mein Nachtquartier nahm ich beim Kommandanten der Station, Leutnant Kehrer, ein. Kaum waren wir imstande, ein Nachtmahl zu bekommen, das wir in einem Matrosenwirtshaus genossen, so wenig Zivilisation war damals in Pola ... Die Stadt war äußerst arm, und die Einwohner waren in italienische Gleichgültigkeit und Trägheit ganz versunken. Sie fischten nicht, obwohl ein großer Fischreichtum an ihrer Küste herrschte; Äcker und Weinberge waren vernachlässigt ... Die Straßen und Häuser waren mit Schmutz und Kot gefüllt."

Hotel „Sturmvogel"

Als Pola zur Marinegarnison bestimmt wurde, waren gute Wohnungen zunächst knapp und deshalb sehr teuer. Seekadett Armand de Beaufort wurde wegen seines viel zu großen Flottenrocks, seiner hageren Gestalt und seiner Hakennase von seinen Kameraden „Sturmvogel" genannt. Wie viele andere Marineangehörige hatte auch Seekadett Sturmvogel ein Mietzimmer in Pola. Da es ihm finanziell sehr oft schlecht ging und er immer große Schwierigkeiten hatte, seiner Zimmerfrau den Zins zu bezahlen, kam er auf die einmalige Idee, aus seiner „Wohnung" Kapital zu schlagen und sie über Nacht an Kameraden zu vermieten. Dabei verzichtete er nicht auf seinen eigenen Schlafplatz und nahm der Rentabilität halber stets, wenn möglich, sogar mehrere Mieter auf. Um Streitigkeiten auszuschalten, teilte er das nicht sehr große Zimmer durch auf dem Fußboden gezogene Kreidestriche in so viele Teile, wie Anspruchsberechtigte vorhanden waren, und wies jedem das ihm zustehende Stück als Schlafstelle zu. Die Preise waren nicht hoch und richteten sich nach der Lage, also je nachdem, ob es es sich um den naturgemäß unruhigen Platz bei der Eingangstür oder um das luxuriöse Bett handelte. Wer nicht gerade das Bett für die Übernachtung buchen konnte, der mußte Bettzeug mitbringen oder auf dem bloßen Boden schlafen. Das Hotel „Sturmvogel" war in geldknappen Zeiten sehr frequentiert und trug so zur Verbesserung der Wohnungsnot in Pola bei. Im Reiseführer war es allerdings nicht angeführt.

Er ruhe sanft

Die Wohnungsfrage im alten Pola war ein kaum zu lösendes Problem. Wer sich das Hotel als Dauergast nicht leisten konnte, mußte sich dem Gewerbe der Zimmervermieter ausliefern, ausgeübt von Hausdrachen aller in Pola vertretenen Nationalitäten. Da keiner der Marinemieter, durch die Einschiffung bedingt, länger als ein bis zwei Jahre an Land bleiben konnte, wurde nie auch nur eine Kleinigkeit in die vermieteten Räume investiert. Oft wurden diese Lokalitäten zweifach vermietet, ohne daß es die Betroffenen überhaupt wußten. Die folgende Geschichte aber übertrifft alle Erfahrungen, die Polas leidgeprüfte Zimmerherren jemals gemacht haben:

Linienschiffsleutnant Grassberger, der in Pola für seine spärliche Zeit an Land ein schön möbliertes Zimmer gemietet hatte, kehrte nach mehrmonatiger Einschiffung freudig heim, in der Hoffnung, den dienstbedingt fehlenden Schlaf endlich nachzuholen.

Als er, nichts Böses ahnend, die Zimmertür öffnete, glaubte er zunächst, in einer falschen Wohnung zu sein. In seinem Zimmer war eine in Andacht versunkene Trauergemeinde versammelt, in seinem Bett der

 4*

verstorbene Hausbesitzer aufgebahrt. Auf seine betroffene Frage bekam er von der tieftrauernden Witwe zur Antwort: „Bitte nicht ungehalten sein, Herr Schiffsleutnant, Sie haben das schönste Zimmer im Haus, und Tote soll man ehren!" — Linienschiffsleutnant Grassberger mußte sich im nächsten Hotel ausschlafen.

Notstand

In Pola bestimmten die blauen — im Sommer weißen — Uniformen das Bild der Stadt, Frauen waren selten zu sehen, vor allem in den ersten Jahren Polas als Marinegarnison. Einer der wenigen Offiziere, die mit ihren Familien nach Pola gekommen waren, beklagte sich einmal bei seinen Kameraden, seiner hübschen böhmischen Köchin wegen säßen jeden Abend dreißig Unteroffiziere auf der Stiege. Man müsse über sie hinwegsteigen, um in die eigene Wohnung zu gelangen. Die Kameraden empfahlen ihm, die ansprechende Nachfahrin Libussas gegen eine Köchin vorgerückten Alters und entsprechender Reizlosigkeit auszutauschen. Es gelang, ein Wesen zur Stelle zu bringen, das ein Hohn auf das weibliche Geschlecht war. „Wie geht's jetzt?" fragten die Kameraden. „Danke", nickte der Offizier bitter, „bedeutend besser. Es sind nur mehr achtundzwanzig ... "

Polesaner Fasching

Max von Rottauscher, vor 1866 blutjunger Marineoffizier und in Pola stationiert, beschreibt den Fasching im alten Pola so: „Nur in sehr guter Laune stieg ein Offizier, um inkognito zu tanzen, ins Parterre. Das Inkognito wurde dadurch hergestellt, daß man den Flottenrock verkehrt anzog, sodaß das Gold innen war und das Kleidungsstück auf diese Weise vollkommen zivil wurde. Petroleumlampen qualmten durch das Lokal, in dem man in dem aufgewirbelten Staub beinahe erstickte. Die männlichen Masken bestanden in Matrosen oder Arsenalarbeitern, die sich ein Leintuch umhingen oder einen Frauenrock anzogen, ohne sonst etwas an sich zu ändern. Die weiblichen Dominos waren je nach Anstandsgefühl und Eleganz bloß in einen Bademantel gewickelt oder trugen die große Toilette, mit der sie sich auch sonst anlockend von den Fenstern zu den Passanten niederbogen: einen Reifrock, Zugstiefeletten oder vertretene Pantöffelchen und Herrensocken. Sie tranken Wein, Flaschenbier, Schnaps oder Brennspiritus mit Zucker. Und die ganze Gesellschaft hüpfte und stampfte, als wäre sie einem Irrenhaus entkommen."

Der unheimliche Fahrgast

Fregattenkapitän Friedrich Helmreichen zu Brunfeld, von 1911 bis 1913 Gesamtdetailoffizier des Schulschiff-Komplexes „Adria"-„Feuerspeier", hatte eine hübsche, junge und unternehmungslustige Frau, die verwegen ritt und leidenschaftlich gerne tanzte. Jedes Wochendende fuhr sie von Pola nach Triest zu ihrer Mutter, die an den Samstagnachmittagen stets eine große Gesellschaft um sich versammelte.
Eines Tages geschah es, daß die Gesellschaft besonders unterhaltsam war und die leidenschaftliche Tänzerin sich nur schwer losreißen konnte. In voller „Kriegsbemalung", im Abendkleid und reichlich mit Schmuck behangen, erreichte Frau von H. gerade noch den Zug nach Pola und war erfreut, das Abteil I. Klasse leer zu finden. Das änderte sich aber, denn auf den

bereits abfahrenden Zug sprang ein Mann auf, der sich ihr gegenüber niederließ.
Das war schon unangenehm genug, wurde aber zur Qual, als die Augen des Fremden sich dauernd auf sie richteten, wobei sein Blick stets prüfender und schärfer wurde. Und es war nicht zu verkennen, daß er sich hauptsächlich auf ihren Schmuck richtete.
Die junge Frau wurde immer ängstlicher. Endlich kam ihr ein rettender Gedanke: Sie sprang auf, eilte auf das WC und entledigte sich ihres Schmuckes, den sie in der Handtasche verwahrte. Doch als sie zurückkehrte, sah sie der Unbekannte nur noch schärfer und prüfender an als vorher. Den Platz zu wechseln oder sich an den Schaffner zu wenden, fiel ihr in ihrer Herzensnot nicht ein.
Endlich fuhr der Zug in den Bahnhof von Pola ein. Frau von Helmreichen eilte, so schnell sie konnte, auf ihren Gatten zu, der auf sie wartete. Wer aber beschreibt ihr Staunen, als dieser auf den unheimlichen Fremden zueilte, ihn herzlich begrüßte und dann vorstellte: „Polizeipräsident von Pola, Baron S., meine Frau.“ Da entlud sich die Angst der Frau von Helmreichen in einem befreiten Lachen. Und der Polizeipräsident lachte mit.

Wertung

Der Postmeister in Pola hatte zwei Töchter. Die Seekadetten pflegten deren Schönheit nach dem Wert zweier damals üblichen Briefmarken zu beurteilen. So hieß die schönere Postmeisterstochter die „Zwanzig-Heller-Marke", die nicht ganz so schöne wurde die „Zehn-Heller-Marke" genannt.

Der Brautkranz

Linienschiffsleutnant Franz Fiegl, sehr verliebt, war im Begriff, Verlobung zu feiern. So schickte er seinen Offiziersdiener in Polas renommierte Blumenhandlung Fischer, um den rechtzeitig bestellten, prächtigen Blumenstrauß der Braut ebenso rechtzeitig ins Haus zustellen zu lassen. Als Fiegl aber am Abend die auf dem Monte Zaro gelegene Villa der Brauteltern betrat, wo die Verlobung gefeiert werden sollte, fand er eine ihm unerklärliche, seltsam kühle Atmosphäre vor. Von der Braut war nichts zu sehen, die künftige Schwiegermutter entzog sich dem Handkuß und fragte nur beiläufig, wieso der Herr Schiffsleutnant nun doch gekommen sei, wo seine Absage ja deutlich genug gewesen

war. Fiegl, sich schuldlos fühlend, flehte um Aufklärung, die ihm schließlich auch mit aller Frostigkeit zuteil wurde: Der Offiziersdiener hatte nämlich am Morgen einen Kranz gebracht, auf dessen schwarzen Schleifen in Golddruck zu lesen war: „Letzte Grüße!" und „Auf Wiedersehen im Himmel". Auf eine erstaunte Rückfrage in der Blumenhandlung war dort nur mitgeteilt worden, der Offiziersdiener habe den bereits vorbereiteten Strauß zurückgewiesen und ausdrücklich diesen Kranz verlangt. Glücklicherweise war der Matrose in der Nähe, da er eine zeitweilige Verbindung mit der Köchin des Hauses eingegangen war, und auf Befragen gab er ohne weiters zu, den großen Kranz dem Blumenstrauß vorgezogen zu haben, weil ihm dieser Kranz eben viel besser gefiel. Das Mißverständnis war also aufgeklärt, Fiegls Unschuld bewiesen, die Verlobung konnte, wie geplant, stattfinden. Der Offiziersdiener aber, der das Durcheinander verursacht hatte, blieb auf Bitten der Braut vom Rapport und damit von jeglicher Strafe verschont.

Ein Umweg

Die „Torpedisten“, also die Offiziere der Torpedoboote, galten als besonders schneidig und durften sich manche Stücke erlauben, die sonst unweigerlich zu dienstlichen Konsequenzen geführt hätten. Die Offiziere des k. u. k. Torpedobootes „30“ luden also eines Tages im letzten Friedenssommer Damen zu einer Frühlingsfahrt von Triest an die istrianische Küste ein, was natürlich strengstens verboten war. Gegen Abend lief das Boot wieder in Triest ein, nachdem die Gäste sorgsam unter Deck verstaut waren. „Tb30“ setzte eben zum Vertäumanöver an, als das Boot mittels Flaggensignals in die Nähe des Admiralschiffes befohlen wurde. Vom Achterdeck des „Viribus Unitis“ teilte ein Flaggenleutnant durch das Megaphon, frivolerweise auch „Zusatzpappen“ genannt, den Befehl des Eskaderkommandos mit: „Sofort nach Pola auslaufen, Kohle, Proviant ergänzen, dann nach Durazzo abgehen, weitere Befehle vom Kreuzflottillenkommando!“ Befehl ist Befehl, und so sauste „Tb 30“ unverzüglich südwärts, wobei, erinnert sich Erich von Kunsti, damals zweiter Offizier des Bootes, den netten Mädchen, die unten in der Messe ihrer Befreiung harrten, erst klar zu machen war, daß sie nicht den Armen ihrer Familien entgegeneilten, sondern mit nach Pola zu fahren hatten. Dies gelang, und es gelang auch die schwierige Ausschiffung am Kohlenmolo des Kriegshafens und die „Instradierung" der holden Fracht per Bahn nach Triest.

Tafelfreuden in Pola

Wollte man in Pola die italienische Küche kennenlernen, mußte man das Restaurant „Tempio d'Augusto" an der Riva aufsuchen. Das war ein großer Raum, der durch eine Holzwand in zwei Teile getrennt worden war: In der einen Hälfte residierte die Marine, in der anderen saßen stets Honoratioren und Beamte italienischer Nationalität. Hinten, allgemein sichtbar, befand sich die Küche, in der auf offenem Feuer gekocht wurde. Davor war das „Rohmaterial", wie Fleisch, Fisch und Gemüse, zur Schau gestellt. Ein alter italienischer Kellner, „Gigi" genannt, sorgte für die Marineure wie eine Mutter. Das Essen war vorzüglich, besonders die Fischgerichte.

Wer aber glaubte, auch in Pola an der schweren heimatlichen Kost festhalten zu müssen, der suchte sein Heil lieber in den anderen Lokalen der Garnisonsstadt, und wer besonders fein essen wollte, der ging in die nach dem Vorbild großer Wiener Hotels geführten Hotelrestaurants „Central" und „Riviera". Das „Central" lag gegenüber dem Arsenalskommando, das „Riviera" steht heute noch zwischen Bahnhof und Arena. Die Wiener Küche in diesen beiden Hotels war ausgezeichnet; da es aber dort steif und förmlich zuging, frequentierten die Marineoffiziere am liebsten den „Hirsch", ein Lokal, das gegenüber dem Marinekino lag. Es gab dort ein vorzügliches offenes Pilsner, und auch die Küche war gut. Der Oberkellner vom „Hirsch" lebte seit Jahrzehnten in Pola und war ein richtiges Original. Er beendete einmal eine Auseinandersetzung mit dem ewig nörgelnden Marinekommissär Weber derart, daß sich der ganze Tisch vor Lachen bog: Dem Marinekommissär war ein eigenes, rotblondes Haar in das von ihm bestellte Schweinsgulasch, eine Spezialität des Hauses, gefallen. Um den Ober zu ärgern, rief er diesen herbei und beschwerte sich. Der Kellner sah erst den Teller prüfend an, dann schaute er auf Weber und sagte kopfschüttelnd und todernst: „Ja, ja, das is von der Sau!"

Der Marinekommissär aber pflegte längere Zeit nicht mehr am Essen herumzunörgeln.

Not kennt kein Gebot

Das Café Miramar war aus dem Marineleben Polas nicht wegzudenken. Es war ein Lokal, das ohne Rangunterschiede von Stab und Mannschaft besucht wurde. Hier warteten die Urlauber, besonders bei schlechtem Wetter, auf die Verkehrsboote der Eskader und genehmigten sich schnell noch einen letzten „Schwarzen", bevor es wieder an Bord ging.

Wenn der reichlich genossene Alkohol die Köpfe der Landgänger verwirrt hatte, dann spielten sich oft die tollsten Szenen ab. Deshalb war es angezeigt, besonders spät abends vor Abgang der letzten Boote um das Café Miramar einen Bogen zu machen.

Ging da eines Abends ein Marinestabsunteroffizier, noch dazu mit seiner Ehefrau, vorüber. Ein nicht mehr ganz nüchterner Matrose umklammerte mit einem Arm eine Säule des Vorgartens, ließ seinen Gefühlen freien Lauf und das Wasser in eine Schiene der damals noch existierenden Polesaner Straßenbahn ab.

Fassungslos über dieses unerhörte und

unmilitärische Benehmen — der Matrose hatte außerdem den Gruß verweigert — stellte ihn der Unteroffizier zur Rede. Der Missetäter, ein Wiener, blickte den Wütenden traurig an und sagte nur: „Schau, reg' di net auf, siagst net, mit aner Hand muaß i mi anhalten und mit der anderen ... wia soll i denn da salutieren?"

Die Entführung

Ein erst kurz vorher nach Pola versetzter Oberleutnant des Landheeres beanstandete eines Abends zwei Matrosen wegen Verweigerung der Ehrenbezeugung. In einer durch Sprachschwierigkeiten sehr langwierigen Verhandlung machte der Oberleutnant begreiflich, daß er die Missetäter persönlich an Bord ihres Schiffes bringen wolle, um sie dort der verdienten Strafe zuzuführen. Die beiden Matrosen zeigten reumütige Beflissenheit, indem sie sich freiwillig erbötig machten, ein Zivilboot herbeizuholen, mit dem sie, unter Aufsicht des Oberleutnants, an Bord ihres Schiffes gebracht werden sollten. Vor dem Abstoßen vom Lande wechselten sie auf italienisch einige Worte mit dem Bootsbesitzer, aber dann ging es in flottem Tempo

an der Zivilschwimmschule vorbei und längs der Oliveninsel zum Leuchtschiff mit seiner armseligen Laterne, deren Licht nur mühsam die Finsternis durchdrang. Das Boot legte an, die beiden Missetäter halfen dem nichtsahnenden Oberleutnant eifrig, das „Kriegsschiff" zu erklettern, und fort war das Boot mit ihnen, verschwunden im Dunkel der Nacht.
Der Arme mußte bis zum nächsten Abend warten, bis er aus seiner mißlichen Lage befreit wurde.

Feindbekämpfung

Bei Kriegsausbruch im Juli 1914 mußten die Familien des Marinepersonals Pola räumen. Auch die Angehörigen des Korvettenkapitäns R. zogen ins Hinterland. Als eines Tages ein Telegramm seiner Frau eintraf, griff R. verständlicherweise sehr ängstlich danach. Zögernd öffnete er es, übergab es dann aber mit müdem Lächeln seinen neben ihm stehenden, schon trostbereiten Kameraden. In der Depesche stand nämlich nur: „Wohnung Mausefallen aufstellen! Herta."

„Unsere Heimat ist die Marine“

Flüchtige Bekanntschaft

Der hochdekorierte Marineflieger Gottfried von Banfield, der letzte Träger des berühmten Militär-Maria-Theresien-Ordens, war auf höchst ungewöhnliche Art und Weise mit Karl I., dem letzten österreichischen Kaiser, bekannt geworden. Bei einer Jollen-Regatta in Pola fragte Banfield, damals Zögling der Fiumaner Marineakademie, einen gleich ihm sehr jungen Dragoneroffizier nach dem Weg zum Regatta-Komitee. Der Dragoner unterhielt sich angeregt mit einer Dame, schenkte ihm kaum Beachtung und wußte außerdem über den richtigen Weg ebensowenig Bescheid. Erst sehr viel später kam Banfield darauf, daß er damals Erzherzog Karl Franz Josef, den späteren Kaiser, einfach angesprochen hatte. Jahre später trafen beide wieder zusammen. Kaiser Karl besuchte Triest und die von Banfield kommandierte Seeflugstation. Wegen außerordentlich starken Regens befanden sich alle Maschinen auf dem Flugfeld, die Piloten wurden dem Kaiser vorgestellt. Dieser erinnerte sich vielleicht an die Begegnung von einst, er fragte jedenfalls Banfield: „Wir kennen uns doch schon?" Banfield freilich, respektlos wie alle Flieger, erwiderte nur kurz: „Nicht möglich, Majestät. Bin immer in der Luft!" Über diese Inspektion gibt es sogar eine Karikatur vom akademischen Maler Hauptmann Hübl. Der Text dazu lautete: „Heute hat der liebe Gott die Luftüberwachung für Banfield übernommen."

Befehl von oben

Linienschiffskapitän Matteo M., ein tüchtiger Marittimo und als solcher auch abergläubisch, hatte mit der Korvette „Erzherzog Friedrich" vierzehn Tage Strafkreuzung zwischen Porer und Lissa zu absolvieren. Das Anlaufen eines Hafens während dieser Zeit war ihm streng verboten.
Eines Abends lag das Schiff in Windstille unter Lussin, und M. sah sehnsüchtig hinüber, da dort seine Familie wohnte. Auch die Offiziere hatten von den Seetagen schon genug. Da rief nach Einbruch der Dunkelheit Linienschiffsfähnrich Schl. mit Grabesstimme in den Windfang, der durch die Kommandantenwohnung führte: „Mate, va in porto!" („Mate, lauf' in den Hafen ein!"). M. lief an Deck, besah den im Südwesten dunkler werdenden Himmel ung ging wieder hinunter. Da erscholl abermals die geisterhafte Stimme: „Mate,

va in porto!“ Als sie zum drittenmal ertönte, ließ M. die Kessel heizen, die Segel festmachen und ging trotz Verbots in Lussinpicolo vor Anker. Die Nacht blieb ruhig, am frühen Morgen aber traf unglückseligerweise S. M. S. „Greif“ mit dem Marinekommandanten an Bord ein.

Die Kopfseuche

Es gibt Menschen, denen man jede beliebige Krankheit einreden kann, weil sie von Geburt an medizinische Pessimisten sind. Zu ihnen gehörte auch Linienschiffsleutnant Th.

Einmal wurde in der Messe über die Symptome der Lungentuberkulose gesprochen. Einer von Th.s Kameraden erzählte, ein Lungenkranker könne, wenn er sich mit dem Rücken gegen einen leeren Kasten stelle, das Ticken der Bazillen in der Lunge hören. Th. ließ sofort einen Kasten ausräumen und horchte. Er hörte natürlich nichts — und war glücklich.

Aber ein anderes Mal erwischte es ihn dagegen stark: Die Kameraden hatten sich vorher besprochen, ihm einen gehörigen Schrecken einzujagen. Beim Mittagessen wurde Th. nur so nebenbei gefragt, ob er in der Zeitung schon von der neuen Kopfseuche gelesen habe. Zuerst fühle man sich im Kopf nur ganz eigentümlich leer; dann beginne der Kopf, fast über Nacht, zu wachsen, und dies setze sich unaufhaltsam fort, bis der Patient eines schrecklichen Todes sterbe. Th. horchte auf, fragte nach Einzelheiten und wurde immer nachdenklicher.

Am nächsten Tag wurde während des Mittagessens unbemerkt ein Papierstreifen ins Futter von Th.s Kappe eingelegt. Th. setzte nach dem Essen wie gewohnt die Kappe auf, nahm sie aber sogleich wieder ab, um nachzusehen, ob sie wirklich ihm gehöre. Als er sein Monogramm sah, setzte er die Kappe neuerlich auf, rückte sie hin und her . . . aber es half nichts, der Kopf schien über Nacht größer geworden zu sein.

Tags darauf war die schreckliche Kopfseuche neuerlich Gesprächsthema, gleichzeitig, wieder unbemerkt, wurde der zweite Papierstreifen in Th.s Kappe eingelegt. Die Wirkung war entsetzlich! Th. versuchte vergebens, die Kappe aufzusetzen und seinem Kopf anzupassen, blickte wortlos in den Spiegel und flüchtete, ein gebrochener Mann, in die tröstliche Einsamkeit seiner Kabine.

Als er zum Abendessen erschien, war er

um Jahre gealtert und der Verzweiflung nahe. Da erbarmten sich die Kameraden und entfernten die Papierstreifen aus der Kappe.
Th. wurde daraufhin wieder Mensch.

Nicht sehr

Einmal sah sich ein Schiffskommandant alter Schule der Notwendigkeit gegenüber, drei seiner untergebenen Seeoffiziere zu qualifizieren, von denen der eine noch von Lissa her die Goldene, der zweite die Silberne, der dritte aber keine Tapferkeitsmedaille besaß. So schrieb der Kommandant dem einen die Qualifikation „sehr tapfer", dem zweiten „tapfer" und dem dritten „tapfer, aber nicht sehr" in die Konduiteliste.

Abschreckung

Selbst Linienschiffskapitän Cosulich de Pecine, der gemütlichste und gütigste aller Seefahrer, der so unendlich friedfertig dreinsah, mußte gelegentlich kriegsmäßige Adjustierung tragen. Dann sagte er stets seinem Diener Lucca, der ihm beim Anlegen von Gamaschen und Säbel, Feldbinde

und Revolver helfen mußte: „Lucca, fammi terribile!„ („Lucca, mach mich schrecklich!")

Dienstweg

Fregattenkapitän M. sollte Linienschiffskapitän werden. Die erste Mitteilung hierüber erhielt er durch ein Telegramm der Firma Moritz Tiller & Co, Uniformschneider, Wien.
Das zweite Telegramm war von der Firma Becker & Schneider, Wien. Die dritte Depesche kam vom Marinediener Wokurka im Kriegsministerium, einem ehemaligen Unteroffizier des Kapitäns.
Zuletzt, gerade 24 Stunden nach dem ersten Telegramm und einen Tag vor der Veröffentlichung des Verordnungsblattes, kam der telegraphische Glückwunsch des Hauptmannes M., Bruder des Kapitäns. Der war im Präsidialbureau des Kriegsministeriums beschäftigt.

Geheimsprache

Einige Offiziere standen vor der Marinekaserne, als der Kasernenkommandant erschien, den Linienschiffsleutnant O. zu sich beschied und ihm befahl: „Sie, geh'n S' amal zum Dingsl und sagen S' ihm, er soll mit den Dingsda herunterkommen!"
O. ging zum Adjutanten und fragte ihn nach der Rede Sinn. Dieser wandte sich an den ergrauten Stabsunteroffizier, welcher endlich Klarheit brachte: „Ah, da will der Herr Kapitän die Grundbuchsblätter von den neu eingerückten Matrosen!"

Rund und viereckig

In einem kleinen dalmatinischen Hafen lag die Sommer-Eskader vor Anker. Infolge der lang anhaltenden Trockenzeit herrschte Trinkwassermangel. Daher wurden die Gesamtdetailoffiziere der Einheiten angewiesen, ihre Süßwasserreserven zu kontrollieren. Linienschiffsleutnant Huber verfaßte die entsprechende Meldung und gab sie seinem Schiffskommandanten zur Unterschrift.
Bald darauf erschien der Schiffskommandant in der Kanzlei des Kreuzers und

beschwerte sich: „Aber Herr Schiffsleutnant, ich kann doch nicht eine halbe Stunde oder länger umrechnen, und der Eskaderchef ist doch auch nicht dazu da. Es war doch befohlen, den Wassergehalt in Litern anzugeben und Sie schreiben Kubikmeter!". „Herr Kapitän, ich denke doch, mit drei Nullen wäre die Sache . . . "
„Schon gut — ja — aber — hier wird nicht kalkuliert — und überhaupt ist ein Liter rund und ein Kubikmeter viereckig!"

Courtoisie

„Ja," erzählte Schiffsfähnrich von Treuimfeld, „da haben wir im Kanal von Curzola einmal in einer stürmischen Nacht ein Schiff mit verdeckten Lichtern gesichtet, das Lotungen vornahm und absolut keine Farben zeigen wollte."
„Ah", sagte interessiert eine Landratte, „was ist geschehen?"
Der Schiffsfähnrich fuhr gelassen fort: „Wir haben daraus erkannt, daß es ein italienischer Kreuzer war und instruktionsgemäß Salut geschossen."

Schlimmer als der Tod

Es war nach der Grundausbildung: Fregattenleutnant Weniger übte mit seiner Kompanie Bootsfahren, als plötzlich der Matrose Steinhofer sich über den Rand des Bootes schwang. Mit einem Satz war der Leutnant bei dem Lebensüberdrüssigen, der sich jedoch verzweifelt wehrte. „Lassen S' mich sterben, Herr Leutnant!" schrie der Unglückliche, und ein furchtbarer Kampf entspann sich zwischen ihm und dem Retter, der schließlich selbst in Gefahr kam, von dem sich wie wahnsinnig Wehrenden in die Tiefe gezogen zu werden. Da schrie der Fregattenleutnant: „Sofort lassen S' sich retten oder ich setz' Sie in den Arrest und geb' Ihnen drei Wochen Aborttour!" Der Matrose ließ sich daraufhin ohne weitere Gegenwehr schweigend retten.

Ungarn am Meer

Anläßlich eines Empfanges beim Gouverneur von Fiume (Fiume, heute Rijeka, war damals Ungarns Zugang zum Meer) waren auch die beiden guten Freunde Linienschiffskapitän Freiherr von John und Linienschiffskapitän Friedrich Grinzenber-

ger eingeladen. Als sie vor dem Hauptportal des Gouverneurspalastes anlangten, betrachteten sie den in reich verschnürter, verzierter und pelzbesetzter ungarischer Tracht prächtig anzusehenden Portier, worauf John Grinzenberger mit den Worten anstieß: „Du, Grinzenberger, dem brauchst Du noch nicht die Hand zu küssen!“

Invasion der Eingeborenen

Thronfolger Erzherzog Franz Ferdinand, der selbst gern die Marineuniform trug, kümmerte sich sehr um den Ausbau der Flotte. Als Protektor des „Österreichischen Flottenvereins“ sorgte er auch dafür, daß die Bevölkerung Gelegenheit zum Besuch der Schiffe — auch solcher der Handelsmarine — und der Marineeinrichtungen hatte. Dies wurde auch gern genützt.
Es war ein heißer Sonntagnachmittag, und der Wachoffizier eines am Molo San Carlo in Triest liegenden Lloyddampfers war von den Besuchern so sehr in Anspruch genommen, daß er in das Logbuch nur eintrug: „Viele Eingeborene besuchten das Schiff.“

Hochprozentige Devise

Zur Fahnenweihe des Marine-Veteranenvereines „Tegetthoff" wurde ein pensionierter Kapitän eingeladen, um auch einen Nagel in den Fahnenstock zu schlagen. Jeder der drei Hammerschläge sollte von einem Kernwort begleitet werden, so gehörte sich das eben. Man empfahl ihm die Devise: „Für Gott, Kaiser und Vaterland".

Der feierliche Moment war da, der alte Herr ergriff den Hammer: an offizielles Auftreten nicht mehr gewöhnt, vergaß er den Spruch. Da mahnte der Obmann leise: „Herr Kapitän, die drei Worte!"

Die Hammerschläge waren noch nicht verklungen, da rief der Kapitän mit kräftiger Stimme: „Altvater – Geßler – Jägerndorf!" (Eine Wortdreiheit, die der Markenbezeichnung eines damals überaus beliebten Magenbitters von verdauungsfördernder Wirkung entsprach.)

Zuordnung

In den ersten Umsturztagen im November 1918 wurde jeder Marineoffizier nach seiner Nationalität gefragt. Bei den Offizieren lautete die Antwort meist: „Ich bin k. u. k. Offizier." Diese Frage wurde unter anderem auch an Linienschiffsleutnant Leo Prasil, einen bekannten Unterseebootskommandanten, gestellt, worauf er die obige Antwort gab. Unter den herrschenden Umständen genügte dies freilich nicht mehr, so wurde nach dem Geburtsort gefragt. „In Prag", lautete die Antwort. „Gut — dann sind sie Tschechoslowake!" „Das ist gar nicht so sicher", erwiderte Prasil, „denn Jesus Christus ist in einem Stall geboren und wurde deshalb noch lange kein Rindvieh!"

„Wo bin ich denn zu Hause?"

Die wenigsten der Offiziere kamen aus Istrien oder Dalmatien, die meisten stammten aus den deutschsprachigen Kernländern der Monarchie, einige aus Ungarn und Kroatien. Aber sie fühlten sich vor allem in der Marine zuhause, auf ihrem Schiff, im Marinekasino. Georg von Trapp,

U-Bootskommandant, Korvettenkapitän, Theresienritter (und Gründer der weltberühmten Trapp-Familie), beschreibt in seinen Erinnerungen „Bis zum letzten Flaggenschuß“ das wehmütige Gespräch zweier seiner Offizierskameraden: „Wohin gehöre ich denn? Wo bin ich eigentlich zu Hause? Nirgends! Vater: Marineoffizier. Ich hab gar keine Verwandten in Österreich . . . In der Marine bin ich daheim, oder wenn Du willst, auf der See! Und wie steht es mit Dir?“

„Ich bin auch Offizierskind. In Galizien geboren, Volksschule zuerst in Böhmen, dann in Sarajevo. In der ganzen Monarchie sind wir herumgeschupft worden. Mein Vater ist an der Isonzofront, die Mutter lebt in Wien, Ja — wo bin ich denn zu Hause?“

„Na, da hast es. Unsere Heimat ist eben die Marine! Bei den Kameraden, auf den Schiffen, in der Kriegsmarine, in unseren vier Wänden. Darüber hinaus geht es nicht. Oder hast Du das Gefühl, daß Du nach Pola gehörst, nach Dalmatien . . . ? Vieles heimelt Dich wohl an: die Sonne, die See, der Geruch der Kräuter, wenn Du willst — die Lieder der Betrunkenen. Aber die Menschen? Die sind Dir genauso fremd wie wir Ihnen. Hier unten sind wir immer der Usurpator geblieben, der geduldet werden muß, weil es nicht anders geht, dem man aber keine Herzlichkeit entgegenbringen kann. Willkommen sind wir hier nicht — und das fühlt man halt!“

„Aus alten Zeiten“.